# 飲食店の本当にスゴい人々

稲田俊輔
Syunsuke Inada

# はじめに

日本人は日々、いろんな飲食店を利用しています。もちろん私もその一人です。私の場合はそれだけでなく、飲食店を新しく立ち上げてそれを運営するという仕事に携わっています。ですので、飲食店を利用する際は、そこに「視察」の意味合いもおのずと含まれてきます。しかしそれはお店を訪れる「口実」でもありまして、飲食店を訪れたときは、それがどんな店であれ——高級店だろうが大衆店であろうが、個人店であろうがチェーン店であろうが——全力でそれを楽しんでいます。

かつて、そんな飲食店の私なりの楽しみ方を、『人気飲食チェーンの本当のスゴさがわかる本』(小社)という本にまとめました。ややもすると過小評価されがちな「チェーン店」の知られざる魅力を、飲食店プロデューサーあるいは料理人としての視点を交えて好き勝手に紹介した内容です。

このときの、内容はあくまで私の個人的な主観でした。取り上げた店の側の人が同書を読んで「なんであんなに我々の内情や、やろうとしていることを、まるで見てきたかのように書けるのだ」と苦笑した、という話も二、三、耳に入ってきて、私はほっと胸をなで下ろしたものです。

今回は打って変わって、飲食店の内側を実際に見聞きした上でのレポートです。前著が名刺がわりになったこともあり、多くのお店に快く取材を受けていただきました。そしてそこで改めて気づいたことがあるのです。

私は最初、お店や飲食企業の「内情」をのぞきにいくつもりでした。しかしその前に、そこにいたのは「人」でした。どんなお店でも、その魅力を醸し出しているのはそこの人である、という当たり前すぎる事実を、私は改めて強烈に再認識することになったのです。結局のところ私は、そこで出会った「スゴい人々」の魅力を描き出すことを目指さずにはいられなくなっていました。

今回、前著でも取り上げたサイゼリヤやロイヤルホストを含む3つのチェーン店にインタビューをさせていただきました。基本的には商品開発やメニュー開発を担当する方に依頼しましたが、あるときなどそれをすっ飛ばして「呼ばれてないけどいいですか？」と、社長自らにお越しいただき、歓喜すると同時に肝を冷やしたこともありました。この3つのインタビュー記事はどれも、文字数にして1万字近くに及ぶ、詳細でマニアックな（マニアックすぎる？）レポートになっています。

ただし今回、数の上ではチェーン店ではなく個人店が主になっています。創業50年を超えるような老舗も多く含まれています。首都圏のお店が中心ということもあり、読者にとっては知らない店が大半かもしれません。ですが本書は決して「グルメガイド」ではありません。知ってる店かそうでないか、実際に行く可能性があるかないかはあまり関係ないのです（たまたまお近くにお住まいの方には、ぜひ行っていただきたい店ばかりですが！）。

街中にひっそり何げなく佇むお店にも、そこには歴史があり、人生があり、人々の苦難と叡智があります。それらが紡ぐ豊饒な物語をお楽しみいただければ幸いです。そして皆さんが普段何げなく利用するお店にも、きっとお店ごとにそんな豊饒な物語があるはずなのです。いつものお店で、時にはそんなことに思いを馳せながら食事をしたら、目の前の料理はもっとおいしく、味わい深いものになるに違いありません！

# 目次

※本書で紹介している商品の価格や内容に関しては、予告なく変更される場合があります。

# 第一章

# 町洋食の愛すべき人々

町洋食
1

# 今なお530円の価格を守る歴史あるハンバーグ

◉ニューバーグ（高円寺）

## 電子レンジを使うことへの料理人の葛藤と知ってほしい事情

「電子レンジがさ、ちょっと悔しくてね」と仁さんは唐突にグチった。

平井仁さんは高円寺の小さな洋食屋のご主人。店で初めて言葉を交わしたとき「何とお呼びすればいいですか？」と聞いたら、「みんなヒトシって呼ぶね」と言うので、そのときから仁さんは仁さんである。店の名は「ニューバーグ」。ハンバーグがいちばんの売りだ。

軽やかな手さばきでスパゲティを炒める久さん。奥に見えるのが件の電子レンジだ

「ウチは、ハンバーグはもちろん、ソースもドレッシングもコロッケも一から手作りでやってんのに、ハンバーグの仕上げはチンなんだよね。電子レンジは客席から丸見えだし、お客さんが見たら、そういう店かってガッカリするよね」

ニューバーグは昼も夜もお客さんが引きも切らない。でもそれは「繁盛」とは少し違うのかもしれない。なにしろ看板商品のハンバーグは530円で、ライスとみそ汁がつく。お客さんが常に入り続けないと成り立たない商売だ。すべてが手作りならば、なおさら店を維持するための売り上げを確保するには相応の工夫がいる。ハンバーグを営業前やアイドルタイムにまとめて焼いておき、次々と来店するお客さんに電子レンジを使って素早く仕上げて提供するオペレーションは、合理的なやり方だ。

また、このハンバーグは電子レンジで仕上げるのにとても適したタイプという側面もある。肉々しい牛肉100％のハンバーグや、切ると肉汁という名の脂が吹き出すふっくらハンバーグなどは焼き立てを提供する以外の方法は取りづらい。このハンバーグはどちらとも違う。牛豚の合い挽きを丹念に練り込み、つなぎに肉汁を吸わせきってしまうこの店のそれは、ねっちりとしたまとまりの中にところどころ肉粒感が顔を出すタイプ。電子レンジはそのおいしさを妨げない。

この店の歴史は優に半世紀を超え、ハンバーグのレシピは基本的に当時から変わらない。当然、電子レンジを前提にして作られたわけではないだろうが、それは電子レンジ向きで、幸い薄利多売を余儀なくされる世の中に移行したあとも命脈を保ってこられたのだ。

安い飲食店について語るとき、人は往々にしてデリカシーを失う。ネット上では、このハンバーグを「マズうま」「マルシンハンバーグみたい」と評する言葉が散見される。「マズうま」はもしかしたら書いた本人たちは褒めてるつもりなのかもしれない。しかし、どこに「マズい」の要素が含まれているというのか。「マルシンハンバーグみたい」は完全に因果関係が逆転している。マルシンハンバーグというのはまさにこのタイプのハンバーグをお手本に、そのおいしさに少しでも近づけるべく考案された商品だ。人がここまでデリカシーを失うのは、安い食べ物を手放しで褒めると自分の感性そのものが値踏みされるという恐怖心からかもしれない。

ただ、それで心を痛める作り手が世の中に存在することは無視されている。仁さんは自分の仕事に誇りを持っていて、毎日大勢の寡黙なファンを目の前にするその仕事はきっと楽しく充実したものであろう。しかし、どこかで心を痛めている。ふと漏らしたグチはそういうことだ。電子レンジで仕上げると書いたが、正確ではない。仕上げは年季の入った鉄皿だ。電子レンジから取り出されたハンバーグは鉄皿にのせて火にかけられ、ジュジュッと小気味良い音とともに完成する。申し分ないとはこのことだ。鉄皿にはつけ合わせのスパゲティが添えられる。味つけもない白いままのスパゲティ。それは、数人分をまとめてフライパンで炒められる。右手に持った菜箸の先を大きく広げてほぐしながら、左手でフライパンをあおる。洋食店特有の所作でそれを炒めながら仁さんは「油で炒めてるだけなのに何でこんなにおいしいんだろうね」とご機嫌なことを言う。我が意を得たりとばかりに大きくうなずく。

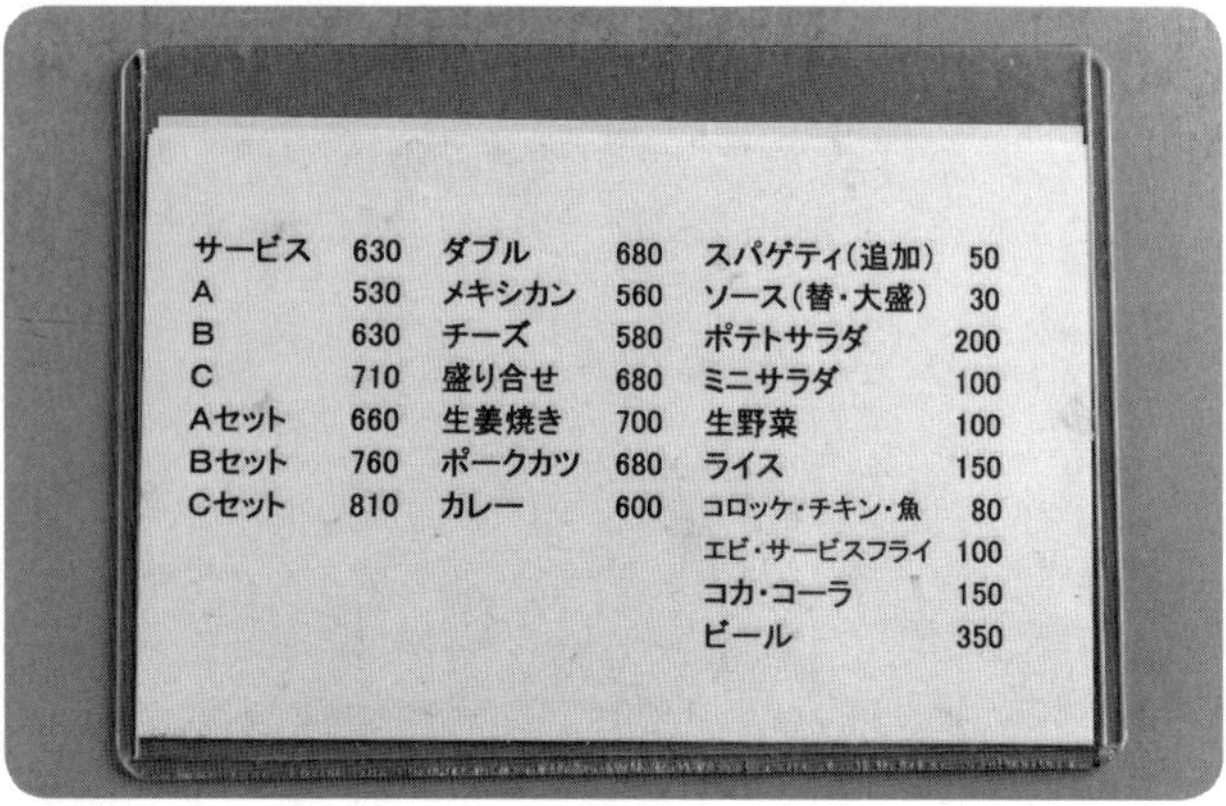


メニュー上ではAと記載されているハンバーグ。Bを選ぶとコロッケと生野菜が追加されるなど、組み合わせをいろいろ考える楽しみがある

ハンバーグには目玉焼きが添えられる。ハンバーグが配膳されると、私は目玉焼きを平皿に盛られたライスの上に移動させる。これはこの店に限らず、すべての洋食店で執り行う儀式だ。ハンバーグに目玉焼きの組み合わせは洋食屋の定番であり、ハンバーグという食べ物の幸福度をブーストする。しかし、私は店ごとの個性を雄弁に語るデミグラスソースの味わいを最初から最後まで純粋に堪能したいという欲望が先立つ。なので、品格に欠けることを自覚しつつ、これは省略不可なのだ。微かにソースで汚れた目玉焼きがライスにのる光景もまた絶景である。

　そうやって味わうニューバーグのデミグラスソースを仁さんは「よくある普通のデミグ

いちばんスタンダードなハンバーグ。デミグラスソースがかかったハンバーグに、目玉焼き、コーン、白いスパゲティが添えられて供される

ラスソース」と言う。確かにそうなのかもしれないが、そんな「普通のデミグラスソース」は店ごとに同じものは一つもない。これが洋食屋の楽しみでもある。この店のそれは濃厚だ。丁寧に、というか洋食屋ではそれは当たり前のこととして遂行されているわけだが、しっかり炒められたルウのほろ苦さをベースにしつつ酸味を主軸にした味わいに、否応なくメシが進む。デミグラスソースの純粋さを味わった瞬間、間髪を入れずライスの一角を上にのせた目玉焼きとともに切り崩し、大口開けて頬張ってしまう。目玉焼きハンバーグの幸福度は、ここで最大値となる。

　このほかにも、デミグラスソースと対をなすメキシカンソース、トッピングのコロッケ

ハンバーグについてくる目玉焼きをライスの上に移す筆者の儀式。フォークとナイフで料理を食べるスタイルが洋食店の趣を増している

仕上げにデミグラスソースをかけているところ。鉄皿で火をかけられたハンバーグは、上の写真の木の板にのせられて、お客さんに供される

やドレッシング、カレーなどについてもこの後語っていきたいことが山ほどある。その前に余談だが、取材にこの店を訪れた最後、仁さんに「ところで、何でまたウチなんかを取り上げることになったの?」と問われた。何でも何もない。「好きなんで紹介したいと思って」と答えたら、飄々とした仁さんが一瞬涙腺を緩ませた、ということだけ暴露させていただこうと思う。

## 親しみやすく品格すら感じられる洋食店の歴史

高円寺の「ニューバーグ」。この店の50年を超える歴史は少し複雑だ。

創業当時は別の人が経営していた。庶民にとってまだ高嶺の花だった「ナイフとフォークで食べる洋食」を大衆食堂並みの安い価格で提供したニューバーグ。店は評判を呼び、最盛期は7店舗も展開したそうだ。ところが、ファミリーレストランなどの台頭で「気軽な洋食」はここだけではなくなった。一軒、また一軒と店舗が閉店するなか、高円寺店を買い取ったのが平井誠さん。現在、店を切り盛りする平井誠一さん・仁さん兄弟の父だ。ニューバーグは平井家には思い入れのある店だった。

「ハンバーグなんてご馳走、当時はめったに食べられなかったよね。それを使い慣れないナイフとフォークで気取って食べるのがうれしくて抜群においしくてさ」（仁さん）

ただ先代がニューバーグを買い取った理由は、客として通った店に対する思い入れだけではない。当時、平井家は今のお店がある場所の近くに小さな惣菜工場を構えて、ポテトサラダやマカロニサラダなどを市場に卸していた。しかし、大手メーカーが全国に販路を広げるなか、売り上げは減少する。そこでハンバーグなどの仕込みを行えば薄利多売の店も効率的に運営できるというのが、経営判断だった。そして現在、その工場で仕込みを一手に引き受ける実質上の「シェフ」である誠一さん。誠一さんは、製粉会社勤務を経て、1990年に惣菜工場から洋食屋のキッチンに生まれ変わったそこの仕事を父親から引き継ぐ。その1年前には弟の仁さんも現場に入っており、以来二人三脚でお店を運営していく。製粉会社は食品関連だが、とりたてて料理人としての修業を経たわけでもない誠一さんは「思い返すと運もよかった」と言う。

ニューバーグの看板であるハンバーグ、そしてデミグラスソースとメキシカンソース、この3つのレシピは前の経営者の時代のものがそのまま受け継がれた。50年以上も前のレシピが、さらに父から息子へ忠実に伝承されたという。その一つが〝メキシカンソース〟。実は、私はこのソースを避けてきた。勝手に〝ケチャップ味〟だと思い込んでいたからだ。ケチャップは洋食の陰の主役の一つだが、私はこれが前面に出すぎた人懐こすぎる味わい

カウンターだけの店内。着席すると紙ナプキンが敷かれ、ナイフとフォークが置かれる

をあまり好まない。しかし、メキシカンソースは思い込みを完全に裏切るものだった。
トマトピューレがベースの甘さのないキリッとした味わいを、タバスコの辛味と酸味が引き締める。そして、それを支える香味野菜の静かに複雑な味わい。ケチャップ味とは別物だし、最近主流のイタリア料理的なトマトソースとも異なる、クラシックフレンチからのいにしえの西洋料理という流れを汲む品格のあるソースだった。

「好きな人はメキシカンソースを倍にして、ついでにスパゲッティも増量するんだよ」と仁さん。

そんな極めて現代的な〝カスタマイズ〟をする自由度の高さもこの店の魅力だ。私がたどり着いた現時点で最高のアレンジは「ハンバーグダブル・ソースの半分をメキシカンに変更・コロッケトッピング」である。レストランらしい俵状の端正な見た目、中身はあえて肉を入れない野菜のみのコロッケ。「誰も気づかないかもしれないけど、少し干し海老が入ってるんだよ」と誠一さんが教えてくれる。確かに気づかないかもしれない。文字通り「隠し味」だ。でも愛される料理とはそういうディテールの積み重ねである。「今どき

一時は惣菜の注文をこなしきれないほどだった工場を、仕込みをする工場へと転換（写真左側）。実際の店舗を支える仕組みをうまくつくり上げている

こんな地味なコロッケ、誰も作らないよね」と誠一さんは笑うが、今となってはそういうものこそが何より貴重なのだ。そして、コロッケやサラダのドレッシングなど脇を固める料理は、知り合いだった一流ホテルの洋食コックさんのアドバイスを受けながら、なんと誠一さんの母親が作り上げたという。「とにかく料理上手な人だったからね」と語る誠一さん。確かにコロッケもドレッシングも、派手なところはないが逸品である。ドレッシングはすりおろした玉ねぎがベースの正統派の洋食店の味わいに、主張しすぎない醤油の隠し味が潜んでいる。コックさんのプロの技術とお客さんの好みを推し量ったマダムの感覚がうまくバランスしたということだろうか。

筆者がたどり着いた現時点の最高のアレンジメニュー。ソース追加は30円か60円で対応可。スパゲッティも50円で追加できる

さらにカレーも隠れた名物料理だ。誕生当時の従業員がニューバーグのハンバーグをこよなく愛しており、「僕はこのハンバーグでどうしてもハンバーグカレーを食べたい」と主張したのがきっかけだとか。その熱い想いを受けて最終的にカレーを完成させたのは、誠一さんの奥さまだという。「妻も料理がうまくてね」とさらっと言う誠一さんだが、そのカレーはアマチュアが一朝一夕にこしらえるようなものではない。玉ねぎと挽き肉を炒めたところに、セロリ、リンゴ、ニンジンなどをミキサーでペースト状にしたものとカレー粉のほか複数のスパイスをミックスして煮込むこのカレー。いわゆる「黒カレー」と呼ばれるタイプの東京の町洋食を象徴するよう

前身の惣菜工場の名残が見られるポテトサラダつきミニサラダ（100円）。ポテトサラダは単品200円でメニューに掲載されている

な一品だが、他のどの黒カレーとも似ていない。ヤミツキになるお客さんが続出するのも納得だ。他の料理と同様、親しみやすさのなかに品格のようなものすら感じられる。

「いろんな人がいいタイミングで関わってくれて今の味ができたんだよね。運がいいよね」と語る誠一さん。時間帯によっては仁さんに代わって店に立つこともある。

「自分が作ったものをうれしそうに食べてくれるお客さんを見ると手は抜けないし、もっとおいしくするにはって、自然と考えちゃうよね。じゃないと毎日面倒くさい仕込みなんてやってらんないしさ」

筆者もヤミツキになった黒カレー（600円）。なぜか店内メニューに記載されてないが、入り口横には大きく紹介した紙が貼られている

製造部門の分離という今風のシステムを早くに確立したニューバーグ。しかし、個人店の本質とは結局のところ、こんな部分にあるのだろう。食べ手一人ひとりの表情がそのお店を形づくるのだ。

※週刊SPA！'21年1月12・19日合併号と1月26日に掲載された記事を加筆修正しています。

※原材料高騰の為、値上げを検討中

町洋食
2

# 柔軟に変化し続け、愛される味を作った親子たちの系譜

◉キッチンＡＢＣ（西池袋）

## 昔からずっとあったような顔をした新しい日本食のスタンダード

戦後の復興期から高度経済成長の初期にかけて、都市部を中心に隆盛を誇った業態の飲食店に「駅前食堂」があった。和洋中とメニューをすべて揃え、幅広い客層のニーズに応える大規模な大衆レストランで、ファミリーレストランの日本版プロトタイプといったところだろうか。かつてデパートにあった大食堂の、より大衆的な路面店版をイメージしてもいいかもしれない。

池袋にあったキンカ堂食堂は、その代表的なものであった。もっともキンカ堂は衣料デパートだったので、デパート内大食堂に位置づけられるかもしれない。ともあれ大型の大衆食堂は、その後はファミレスやファストフードなどに押され次々と閉店していくことになる。一時は栄華を誇ったキンカ堂食堂とて例外ではなかった。

　キンカ堂食堂の解散後、取締役だった稲田義治さんが、洋食部門のシェフ中野政夫さんらとともに1969年に立ち上げたのが、現在、東京・豊島区を中心に4店舗を構える洋食店「キッチンABC」。今、社長は稲田義治さんの子息の義雄さんに、統括店長兼総料理長は初代シェフ中野政夫さんの子息の正之

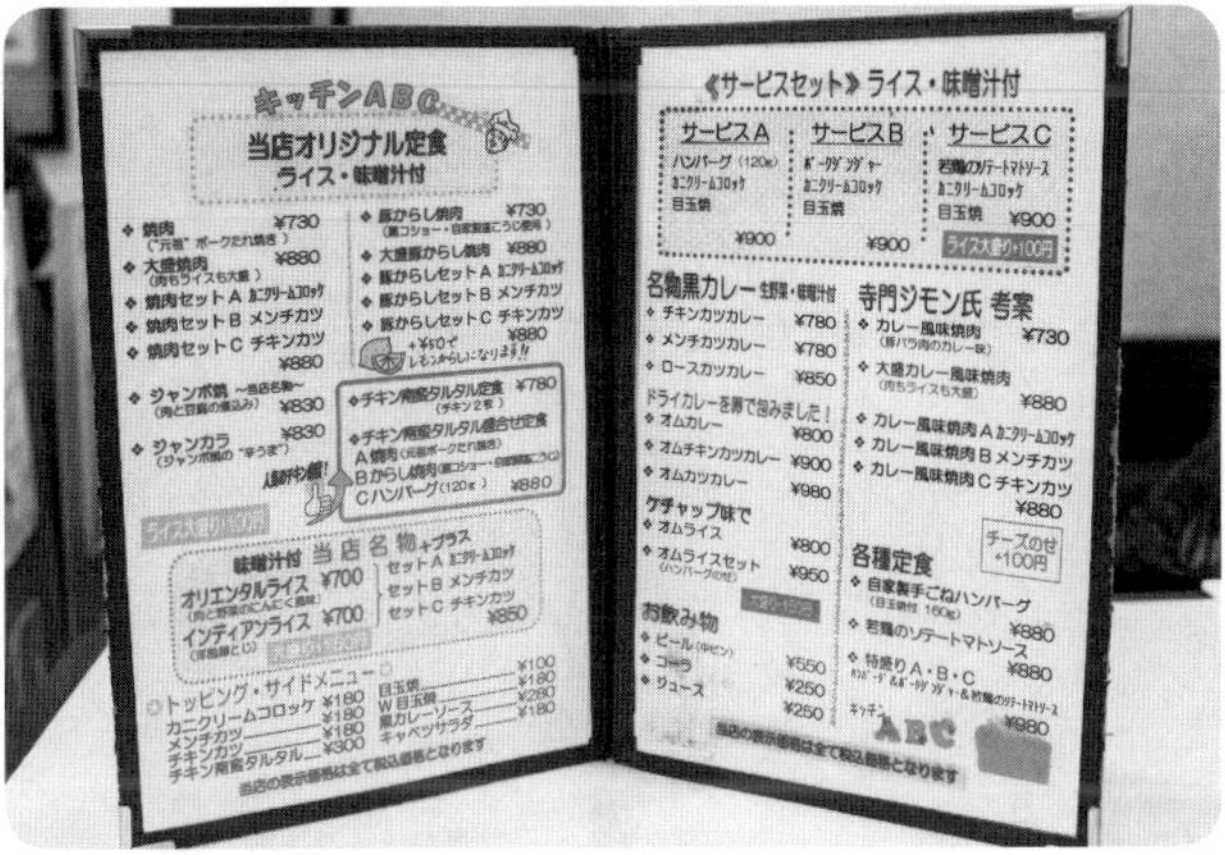


創業時の定番「焼肉」をはじめ、洋食の定番「ハンバーグ」など幅広いメニューが並ぶ

さんに引き継がれ、親子2代にわたる強力なタッグチームがキッチンＡＢＣの核となっている。

そして、「オリエンタルライス」「インディアンライス」といったオリジナリティ溢れるメニューと、インパクト満点の味つけがキッチンＡＢＣの持ち味だ。その原点は「焼肉」と「ジャンボ焼」にあると正之さんは言い切る。どちらもキンカ堂食堂で評判だった味を引き継いだ伝統のメニューだ。焼肉は豚バラ肉を炒め独特の甘辛ダレで味つけしたもの。ジャンボ焼は豚肉に豆腐を加え、そのタレをベースに仕上げたものだ。

タレは醬油と砂糖をベースに味噌やケチャップ、生姜などをあわせて作られる。人懐っこくキャッチーな味わいで、これはキッチンＡＢＣの料理すべてに共通するがとにかくメシが進む。「洋食」というよりは、少しくだけた「お惣菜」的な味わいで、戦後の駅前食堂における洋食の大衆化がどのようなものであったか想像をかき立てられる。

創業間もなくして生まれた名物料理が「オリエンタルライス」と「インディアンライス」。これもこの甘辛ダレが味つけの主役だ。オリエンタルライスは、ニンニクをたっぷり使われた豚バラ玉ねぎ炒めのせごはん。そこにニラも加わり仕上げに卵黄がのせられる。当時ニンニクは、日本人にとって非日常の刺激的な食べ物であり「オリエンタルというネ

どこか食堂の面影がある店内のレイアウト。安価かつボリューム感のあるメニューは多くのビジネスパーソンの胃袋を支えている

中野正之店長はかつてキッチンABCを経て、イタリアンなどでも働いた経験を持つ。稲田義雄社長から電話をもらい、キッチンABCに復帰した経緯がある

ーミングは今で言うエスニックという感覚だったのでは」と正之さんは語る。

インディアンライスは一見、親子丼を思わせる卵とじのアタマがのったご飯もの。別にカレー味というわけではないのだが、インドの家庭的な炒め物に使われるターメリックの色合いと卵の黄色を重ね合わせたイメージからネーミングしたという話も伝わっている。確かに、たっぷりと使われたピーマンが和風卵とじとは一線を画する無国籍な味わいを奏でている。

これら一連の人気メニューに使われるタレは、前述のようにごく一般的な調味料・食材を合わせて作られるが、正之さんは「バランスの絶妙さに今でも唸る」と言う。これには私も完全に同意だ。しかし、正之さんは「今となってはありふれた味なのかもしれないけど」とも語る。「大手の食品メーカーもこういうのはいろんな種類作ってますもんね」と冷静

焼肉と並ぶ原点のメニュー「ジャンボ焼き」。豆腐でボリューム感を演出し、見た目もインパクト十分。キュウリが清涼感をプラスしている

な見解だ。確かにキンカ堂の時代、もしかすると全国各地で〝これだけでさまざまな料理の味が決まる〟という和洋折衷的な合わせ調味料は同時発生的に作られたのかもしれない。そしてそれらは至るところで受け継がれ、今や日本の大衆的な味覚に欠かせないベースになっている。ひと言で「何味」とは言えない、甘辛くてパンチの効いたこの種の味わいは、昔からずっと存在したような新しい日本食のスタンダードだ。

現在のキッチンABCで、一連のクラシックメニューと並んで人気があるのは「豚から し焼肉」。今や看板メニューと言ってもいいかもしれない。この「からし」は、黄色いからしやマスタード、赤い唐辛子系統ではなく、

「豚からし焼肉Aセット」（880円）に黒カレーソース（280円）をつけた筆者オススメの組み合わせ。ごはんの量が足りなくなること必至だ

黒胡椒。塩味ベースの豚バラ炒めに黒胡椒を効かせた、ABC伝統の甘辛味とはある意味、対照的ながら、しっかりパンチを利かせたぐっと現代的な味わいだ。味つけの決め手はなんと塩麹。誕生は10年ほど前に遡るが、当時ほとんど知られていなかった塩麹を使うという先見の明には驚かされる。

キッチンABCに塩麹を持ち込んだのは稲田義雄社長。もともと料理人であるが現在は経営に専念している社長は、精力的な食べ歩きとデパ地下食材店巡りを欠かさない。目ぼしい料理に出合うと、正之さんに「こういうものが作れないか」と持ち込み、デパ地下で興味を持った調味料や食材はメーカーを調べて、調達の交渉に入る。自ら「せっかち」を自認するだけあって、フットワークは軽い。豚からし焼肉もそんななかから生まれた大ヒットメニューだ。

「社長はすぐにムチャぶりしてくるんですよ」と、グチめかして語る正之さんは、むしろ楽しそうですらある。料理の発案は社長や各店店長だけでなく、すべてのスタッフからも上がってくる。稲田社長のスタンスは基本「とりあえずやってみりゃいいじゃないか」というものだ。

だからキッチンＡＢＣは、50年間変わらぬ暖簾を掲げ続ける一方で、料理の内容は柔軟に変化し続けている。一時期はビーフシチューやソテーものなどに力を入れた高級洋食路線の「レストランＡＢＣ」もあった。結局「やってダメだったから元に戻った」わけだが、そこのメニューの一部は、ちゃっかり定番の一角に受け継がれている。

そうやって、これからもキッチンＡＢＣは軽やかに生き残って、そして時代を超えて多くの人々に愛され続けていくことだろう。

※週刊ＳＰＡ！'21年2月2日号に掲載された記事を加筆修正しています。

町洋食
3

# フランス料理のタイムカプセルのような老舗

◉グリルエフ（五反田）

洋食のルーツはフランス料理である。今でこそレトロで気軽で庶民的な料理の一ジャンルとしてフランス料理とは明確に区別されるが、明治、大正、そして少なくとも戦後しばらくまでは「西洋料理」と呼ばれ、それは「フランス料理」とほぼ同義であった。だから、現時点で50年以上の歴史を持つ洋食屋のなかには、「フランス料理」を標榜している店も少なくない。ここでご紹介する「グリルエフ」もそんな洋食店の一つである。

フランス料理というのは伝統を大事にする一方で、時代とともにその姿を大きく変えている料理体系でもある。例えばかつては花形であった「デミグラスソース」は、現代フラ

キッチンで調理をする長谷川シェフ。撮影当時64歳で、18歳のときからこの店一筋

ンス料理ではまず正面切って使われることはない。一説によるとそれはあまりにもおいしく完璧すぎて、ややもすると料理がすべてそこに収斂《しゅうれん》してしまうという理由で、ある時期からフランス料理界が一斉にそれを手放したとも聞く。それはそれですさまじい矜恃ではあるが同時にもったいない話でもある。そんなデミグラスソースだが、日本の洋食界では昔もいまも常に主役。洋食というものは、つまり100年前のフランス料理を今に伝えるタイムカプセルでもあるのだ。

私が初めてこのグリルエフを訪れたのは数年前、「ハヤシライスが抜群においしい洋食屋が五反田にある」という噂を耳にしてのことだった。しかし、店に入りメニュー表を渡された瞬間、私は「これはハヤシライスを食べている場合ではないのでは」と心が揺らいだ。そのメニュー表は、流麗な筆記体のフランス語と日本語が併記された、あえて軽薄に言うなら「最高におしゃれでかっこいい」ものだった。もちろん見た目だけではなくその内容も圧巻。まさに100年前、フランス料理の父とも呼ばれるエスコフィエの時代の古典ラインナップがずらりと並んでいたのである。私はすぐさま方針を転換し、仔牛料理とチキンのサラダをワインとともに注文してゆっくりとそれらを堪能した。もっとも、その後にはしっかりとハヤシライスも追加注文し、胃も心も満たされた状態で店を後にしたのだが。

グリルエフは、フランス料理店として1950年創業。初代シェフの斎藤公男さんは「上野精養軒」や今でも伝説として語られる「レストランエーワン」を経た、いわば当時のフランス料理界におけるエリート中のエリートである。グリルエフはこの街でいちばん高級でハイカラなレストランであり、夜ごとに財界人や文化人が集った。そんな店に高校卒業してすぐに入店したのが現オーナーシェフの長谷川清さん。1975年のことである。当時の飲食業界における労働環境の過酷さはしばしば耳にするところだ。長時間の重労働は当然で、技術は見て盗めと言われ、味見さえも大っぴらには許されず、鉄拳制裁まであったという。まして格式高い店ならなおのことだったのではと思い、私は長谷川シェフに「さぞかし大変だったでしょうね」と尋ねた。ところがシェフは半ばキョトンとして「いや、こんなもんかくらいにしか思ってなかったですね。何しろほかを知らないし、真っ白でしたから」とこともなげに答える。入店した時点で店に5人いる料理人のいちばん下っ端だったが、4年ほどで、先輩たちは家庭の事情などで次々と退職、それからは初代シェフ・斎藤公男さんのもとで二番手として腕を磨くことに。さらにその10年後には斎藤シェフも引退し、グリルエフのすべてを受け継ぐことになり今日に至る。

そして、さらに10年後、老朽化した看板を掛け替えるにあたって、ひっそりと「フランス料理」の文字を消した。当時すでにフランス料理はヌーベルキュイジーヌの時代を経て大きく変容。「これからはもうあくまで『洋食屋』ってことでやっていこうと思いましてね」と長谷川シェフは当時を語るが、だからといってそのメニューと味は何も変わっていない。それが現在のグリルエフだ。もしかすると看板の掛け替えで変わったのはお客さんのほうかもしれない。

現在のグリルエフの一番人気メニューとなったハヤシライスは、実は昔も今もメニューには記載されていない。それはかつてピラフやオムライスなどとともに、常連客にのみ供される「裏メニュー」だったのだ。にもかかわらず、今は来店客の7割がそれを注文するという。少し意地の悪い質問であることは承知のうえで、そのことについてどう思っているかを尋ねてみた。

シェフの答えは「そりゃ、本音ではビーフシチューとかタンシチューとかを食べてほしいってのはありますよ。でもお客さんからすれば安くて手早く食べられるハヤシライスがうれしいのは当然ですから」というものだった。

正直なところ私もシェフの本音に同感である。極めて高品質な古典フランス料理のタイムカプセルであるこの店でハヤシライスだけなんてもったいない。

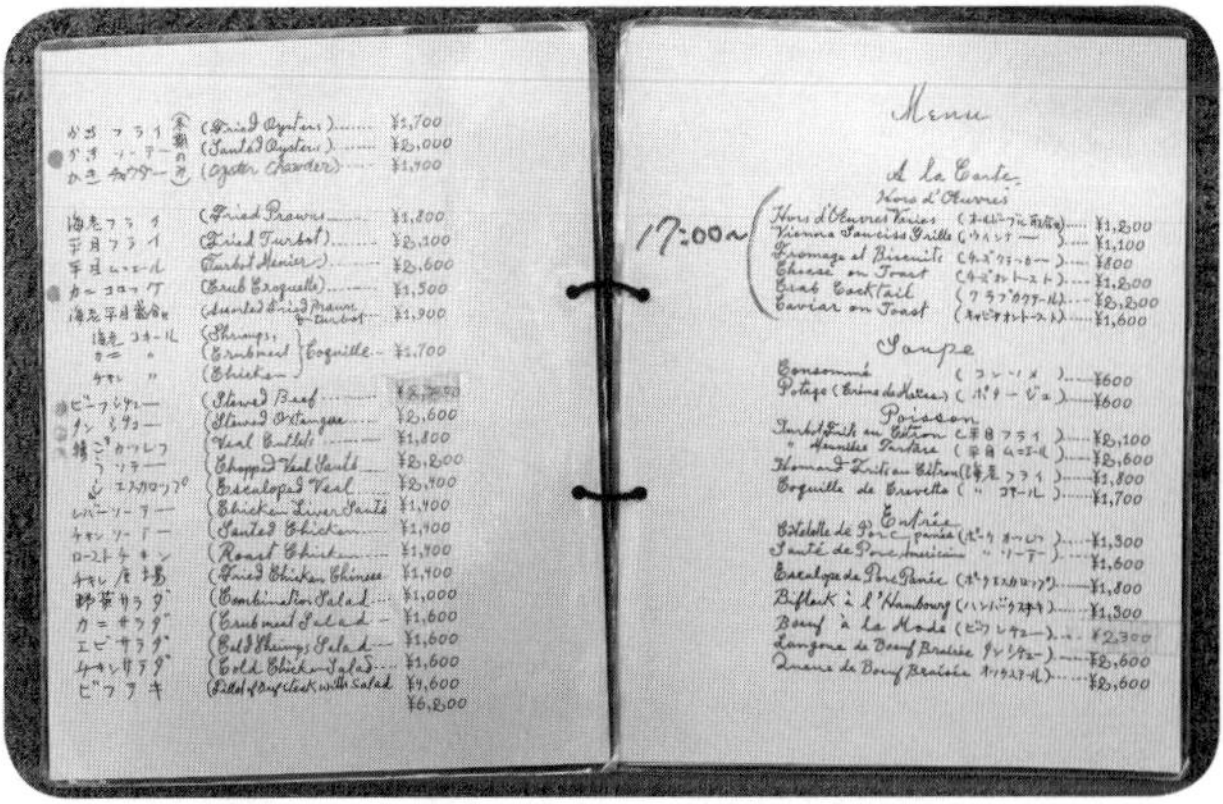


筆者を驚愕させたグリルエフの店内メニュー。文字は、先代の斎藤シェフが手書きしたものを現在も使用している

とはいうものの、悔しいかな、このハヤシライスは絶品なのである。私はこれまでさまざまなデミグラスソースを味わってきたが、この店ほど濃密なデミグラスソースはほかの店で口にしたことがない。このハヤシライスももちろんそれがベースなのだが、その見た目は一般的なハヤシライスとは異なる。

　グリルエフのそれは一見「牛肉入りの玉ねぎソテー」だ。しかし、よく見ると丁寧に切りそろえられシャキッとした食感を残して炒められた玉ねぎの表面には、満遍なくその濃密なデミグラスソースがまとわりついている。割合としては少量にも見えるソースだが、食べると存在感は圧巻。人気があるのも納得だ。

それでもやはり、この店を語るのにハヤシ

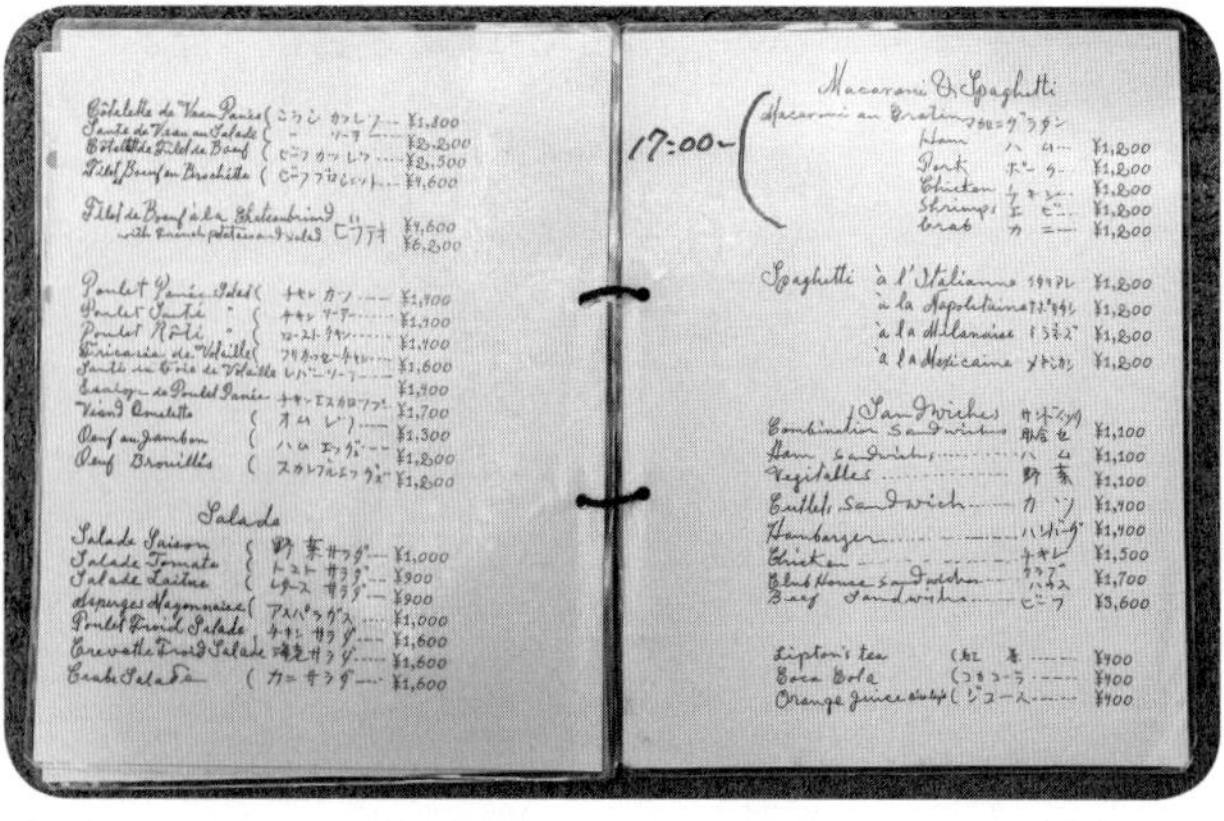

グラタン、パスタ、サンドイッチなどのメニューはあるが、ハヤシライスは記載なし。実は店先にある看板下のメニューにのみ記載されている

ライスだけではあまりに不十分。それ以外の正統派洋食メニューについては改めて触れていく。

## 現代の料理人から過去の人物像にも出会えるお店

昭和25年にフランス料理店として創業した「グリルエフ」のデミグラスソースはどこにもない個性的な味わいだ。牛肉と香味野菜をふんだんに使って、大きな寸胴鍋で長時間煮込んだ、いわば「デミソースの素」は、最後にそれを丁寧にこすことでその量はたったの3分の1になってしまう。搾りカスはそのまま捨てるしかない。このソース、濃厚な旨味に加えて奥深い苦味と香ばしさも特徴だ。前回仕込んだソースの表面ににじみ出す脂を使い、茶色というより黒くなるまで炒められる小麦粉のルウがこの苦味と香ばしさを醸し出す。完成したデミグラスソースは前回仕込んだソースに継ぎ足され、各種の料理に使われる。老舗うなぎ屋のタレのように、それは創業以来70年ずっと繰り返されてきたものだ。

洋食店の魂ともいえるデミグラスソースの濃厚な味わいを、手軽に味わえるこの店の人気メニューがハヤシライスだが、私がそれより気に入っているのがオックステール。まさにクラシックフレンチ的な圧巻のボリュームで供されるそれは、ぶつ切りの牛の尾がやわらかく、しかしゼラチン質のヒキ（弾力）は残した絶妙な加減で煮込まれ、その全体を漆黒のデミグラスソースが覆っている。ソースだけすくって味見するとエスプレッソのような強い苦味を感じるが、それが肉と邂逅するとミラクルが起こるのだ。肉そのものより濃厚な肉味。シェフ自慢のビーフシチューやタンシチューも同様の力強さに溢れている。

こういった肉料理に添えるつけ合わせもまた見過ごせない魅力をたたえている。この日はインゲンとニンジンのグラッセ、筍のクリーム煮であった。これらのつけ合わせはだいたい1週間ごとに季節の野菜を取り入れて変

グリルエフの歴史が詰まったデミグラスソース。一度、自身の舌で味わってみてほしい

更される。私が初めて訪れたときのつけ合わせは、忘れもしない小かぶのクリーム煮とラタトゥイユだった。

明治・大正期まで洋食のつけ合わせはこういった温野菜が主流だったという。その後、戦時中の人手不足から、千切りキャベツやスパゲッティなど手のかからないものに替えられていき、日本風洋食の独特なスタイルが確立していった。

それはそれでよきものではあるが、やはりこういうフランス料理然としたつけ合わせは背筋が伸びるし、何より楽しくておいしい。時代とともに大きく変化していくフランス料理の世界にあって、メイン料理の仕立ては常に移り変わっていくが、つけ合わせは不思議

デミグラスソースをふんだんに使用したオックステール（2600円）。肉厚で濃厚な味わいは、時間をかけた丁寧な仕事のうえに成り立つ逸品

冬期のみ提供されるかきソーテー（2000円）。かきを使ったメニューはほかに、かきフライ（1700円）、かきチャウダー（1400円）がある

とそのまま時代を超える。だからグリルエフの温野菜が現代のフランス料理におけるそれとほとんど差異がないのは当然のことなのだが、どこか不思議な感覚を覚える。甘さを加えていないニンジンのグラッセは、攻めた火入れ加減も含めてフランス料理らしさが横溢していた。

冬期ならではのシェフのオススメがかきソーテー（バター焼き）だ。洋食屋のかきバターといえばニンニクバター味で、いかにも人懐っこい甘辛味のごはんが進む一品を思い浮かべるが、グリルエフのそれは、やはりというべきかそういう和に寄せた要素が一切ない。味つけはかきに振られた塩コショウの下味のみ。それを「混合ワイン」とレモン汁で仕上

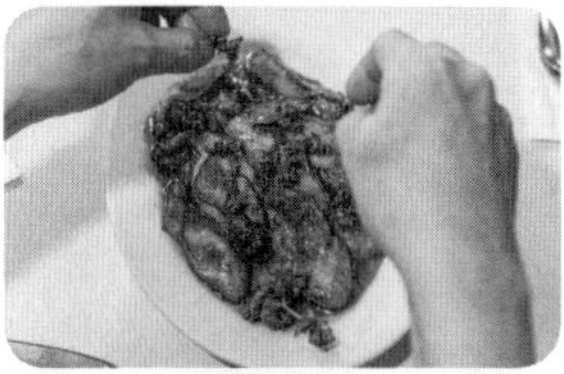

筆者が洋食店で行う儀式の一つ〝パセリの儀〟。単体では苦手な人も多いだろうパセリをちぎり、散らすことで食べやすく風味も豊かになる

長谷川シェフが調理するかきソーテー。ベーコンも使用されており、塩味を加えている。付け合わせはシンプルにパセリが添えられている

げる。

混合ワインとは、ワインと日本酒、その他㊙の酒を混合した店独自のもの。具体的な配合を尋ねたら笑ってかわされてしまったが、これも創業以来のものだ。戦後しばらくは日本に良質のワインが入らず、洋食料理人は四苦八苦したという話を聞いたこともあるが、これもまたそんな時代に生み出された知恵の結晶なのかもしれない。混合ワインが味に与える影響はわからないが、このかきソーテーもまごうことなき西洋料理。かきそのものの濃い旨味がレモンで引き締められ、ライスより白ワインを合わせたくなる、澄み切った、かつ豊潤な味わい。

フランス語交じりの流麗なメニュー表には数々の魅力的な料理が並んでいる。コキール、フリカッセ、エスカロップなど、かつて定番だったが今となっては洋食屋のメニューからもフランス料理店のメニューからも消え去ってしまったそれ

この店の名物であるハヤシライス。先代より引き継いだ漆黒のデミグラスソースで作られたそれは、ほろ苦さもある他の店とは違った逸品だ

らは、ほとんどの日本人にはどんな料理なのかわからないのではないだろうか。

「メニューは一切変えるつもりはないし、レシピも変えない」

長谷川シェフはそう断言する。なぜなら初代シェフが作り出したそれは最初から完成されたものであり、現在それを作る自分は、味見するたびにそのことを確信すると。そして、お客さんもそれをずっと支持してくれている。変える理由は何ひとつないとも。

45年前に18歳でこの店に入った長谷川青年は、その後十数年にわたって初代シェフ斎藤公男さんに師事した。その間、「斎藤さんは

フランス料理の文字を無くしたという店先の看板。フランス料理店を掲げていた名残は、奥の路地側にある看板で確かめることができる

その技術のすべてを自分に教えてくれた」と長谷川シェフは述壊する。実はメニュー表は、当時の斎藤シェフによる手書きをコピーしたものだ。価格だけを書き換えながら今もそのまま使用しているという。そんな話を聞いてそのメニュー表を眺めていると、このストイックな子弟関係がどういったものであったか想像力がかき立てられる。

　斎藤シェフは法政大学で英語を学び、一時期は外洋航路の通訳としても活躍したという。当時の料理人としては珍しい「インテリ」である。メニュー表の筆記体からもなんとなくそんな理知的でしゃれ者めいた人柄が漂ってくる。

「修業はつらかったでしょう」と尋ねる私に

長谷川シェフは「別にそんなことはありませんでした」と即答した。もしかしたら斎藤シェフは卓越した料理人というだけでなく、最良の師匠であり上司でもあったということかもしれない。いや、きっとそういう魅力的な人物であったに違いない。

お店と料理と現代の料理人を通して過去の人物像に出会える。これもまた歴史ある店を巡る楽しみのひとつだろう。

※週刊SPA!'21年2月9日号と2月16日号に掲載された記事を加筆修正しています。

町洋食
4

# 何を食べてもごはんがうまい繁盛店の成り立ち

◉洋食ＧＯＴＯＯ（大塚）

大塚駅前にある商店街の一角に佇む「洋食ＧＯＴＯＯ（ゴトウ）」。この店を初めて訪れたときのことを私はあまりはっきり覚えていない。ただそのとき、店を後にして駅に向かう道すがら「久しぶりに本当にうまいごはんとみそ汁と漬物を食べたなぁ」としみじみ思ったことだけをはっきりと覚えている。その印象で上書きされたのか、メインに何を選んだかは記憶にないのだ。ＧＯＴＯＯのオーナーシェフ後藤義彦さんにそれを正直に話すと、みるみる相好を崩し「私も常々それが洋食屋にとっていちばん大事なことだと思っています」と弾むような声で言った。

現在、チーフを務める義彦シェフ。調理スペースは最小限で、仕込みは2階で行っている

メインは記憶にない、と書いたがここは何を食べてもおいしい店だ。「おいしい」にもいろんなタイプがあるが、この店の場合「丁寧」「緻密」「完成度」「バランス」といった言葉でそれは表される。なおかつボリュームがあり盛りつけもみずみずしく立体的で美しい。洋食店の、いやすべての飲食店のお手本ともいうべきクオリティの高さである。だからこの店は商店街でも随一の繁盛店で、明るく清潔な店内は、老若男女、実に幅広い客層で連日いっぱいだ。

そんな現代的なしつらえの印象に反して、GOTOOは49年の歴史を誇る老舗である。創業者は後藤シェフの父である後藤真男さん。そして、後藤家の商売のルーツは戦後の屋台から始まる飴屋だ。飴屋は当たりに当たり、一時期は都内に14店舗を構えた。当時日本に3台しかなかったハーレーダビッドソンに跨る創業者の写真が新聞に載ったのもその頃だ。しかし、世の中が豊かになり、さまざまなお菓子が増えてくると次第にその商売は立ちゆかなくなる。「これからは洋菓子の時代だ」ということで真男さんは洋菓子店での修業を経て、開店準備に入るが、そこに飛び込んできた最悪の知らせ。それはすぐ近くに「洋菓子の不二家」が開店するらしいというものだった。当時の不二家のステータスといったら大変なもの。生半可な洋菓子修業では太刀打ちできるものではない、と冷静に判断した真男さんは、急遽方針を変え、改めて洋食の修業に入る。

修業の仕上げは当時の大塚で娯楽の中心としてなっていたボウリング場。読者は不思議に思うかもしれないが、当時は仕事帰りの団体客がボウリングを楽しみ、そのまま併設の宴会場に流れるという文化があった。真男さんはその宴会場に料理人として入ったのだ。宴会場といってもいわゆるホテルのバンケット的な、立食パーティなども催すことができる場所。料理長は一流フランス料理店出身のシェフだった。高度経済成長期の、なんとも典雅な世界である。その料理長に師事した真男さんは、その後、店をオープンする際にも、さまざまなアドバイスを受けた。それだけでなく料理長はお弟子さんを数人、開店スタッフとして派遣してくれたという。「後藤家の恩人です」と義彦さんは語る。

そうやって1971年に開店したGOTOO、当時はカウンターのみで、そのボウリング場の典雅な世界を引き継ぐかのように紳士たちの社交場として賑わった。女性一人で入るなどまず考えられない夜の世界。狭いカウンターキッチンには5人の料理人がぎっしり並んで腕を振るったという。現在のカジュアルなGOTOOからは想像もできない光景だ。

今も残るメニュー以外に、当時はどんなメニューがあったのか尋ねてみた。そういう店であればメニュー数も多く、夜の紳士たちのわがままな要求に応えていたに違いないと思ったからだ。義彦さんが回想したメニューは「仔牛の料理」「チーズとベーコンをはさんだカツレツ」「チキントマト煮」「フリカッセ」といったもの。思ったように、当時の「フランス料理店」と不可分のメニューで、庶民には少し縁遠い高級料理店であった「洋食店」ならではのハイカラなメニューが目白押しだ。自家製生地の「ピザパイ」、スパゲッティもナポリタンやミートソースだけでなく「モンブラン」の名を冠したベシャメルソースのものもあったそうだ。

現在のGOTOOのメニューは、その当時よりぐっと絞り込まれた。その絞り込み方は絶妙というしかないのだが、その話はあとに回そう。何にせよ義彦さんは調理師学校を卒業後、フレンチなどの修業を経てGOTOOに入店。父親である真男さん（義彦さんは「マスター」と呼ぶ）と大ゲンカを繰り返しながら店を現在の形につくり変えていった。

　その大ゲンカの一つが「豚肉生姜焼のタレ」である。あるとき、義彦さんは一本のみりんと出合う。愛知県の「甘強《かんきょう》酒造」による木樽3年間熟成のとろりと濃厚なみりんだ。そのまま飲んでも、紹興酒のようなコクと貴腐ワインのような深い甘味が楽しめる名品。もともと生姜焼きのレシピは一般的なみりんに砂糖を加えて作られていたが、義彦さんはこれを甘強みりんに替えようと考えたのだ。そうすればより深い味わいが得られるとともに砂糖を加える必要がなくなり、あとに残らないすっきりとした味わいが最後のひと口まで楽し

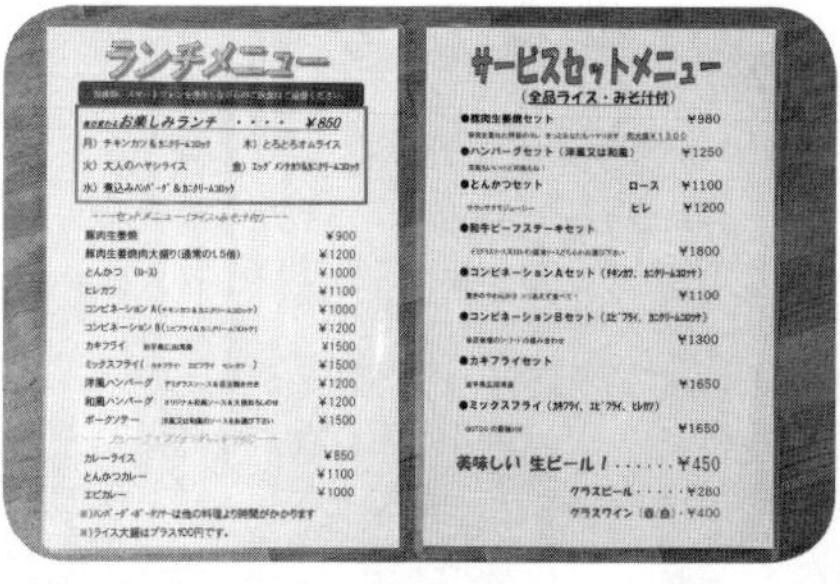

（写真左）GOTOOのランチメニューとサービスセットメニュー。一番人気は義彦シェフが考案した豚肉生姜焼だ。肉のみ通常の1.5倍になる肉大盛りもある。セットにはライスとみそ汁がつく。（写真右）義彦シェフが惚れた甘強酒造の「昔仕込本味醂」は、そのまま飲んでもおいしい。このみりんが引き立てる脂の甘味は、丁寧に切り揃えられ、気前よく大量に盛りつけられる千切りキャベツとの相性も抜群だ

める、と。しかし、マスターは猛反対した。

「俺のレシピに不満があるのか」という職人らしい意固地さもあったが何より原価が跳ね上がる。ただし意固地さでは息子も負けていない。1か月毎日、まかないで一人だけ新しいレシピの豚肉生姜焼を食べ続けた。最終的にマスターも根負けして新レシピの採用となるのだが、義彦さんの思惑は見事に当たり、数あるメニューの一つにすぎなかった生姜焼きはじわじわと売り上げを伸ばす。そして現在では押しも押されもせぬいちばん人気メニューである。

そんな義彦さんは「変えるべきものと変えてはいけないものがある」という哲学の持ち主でもある。その哲学がどういうものかはこの後、改めて語っていきたい。

カウンターのみからテーブル席もある形に。カリスマシェフ、マリオ・バタリのイタリアンレストランの雰囲気をもとに、デザインを決めた

和風グリルチキン。鶏ムネ肉が卓越した技術でふっくらジューシーに焼き上げられている。味付けはシェフの執念の賜物である生姜焼きのタレ

## 洋食店が変えるべきものと変えてはいけないもの

創業から49年を迎える洋食GOTOO。その歴史は変革の歴史でもある。今でも時には店に立ち「マスター」と呼ばれている創業者の後藤真男さんから、現在のオーナーシェフである息子の義彦さんに引き継がれるなかで、2人は「大ゲンカ」を繰り返し、店を変えていった。義彦さんの執念で改良がなされた「豚肉生姜焼のタレ」は成功例の一つだが、時には失敗もあった。それが「みそ汁事件」である。

この店では、創業当時からずっと定食にはライスとみそ汁がついたが、フレンチなどでの修業を経て入店した義彦さんは、違和感を持ち続けていた。「みそ汁ではなくスープをつけるべきでは」と義彦さんはマスターに進言し続けたが、聞き入れてもらえない。義彦さんは、これ以外にも変えたくても変えてもらえない案件が積もり、フラストレーションを抱えていた。

そんなこともあって、マスターが店に立つのはランチまで、ディナーは義彦さんが好きなようにやるという体制に移行。ディナータイムに限っては、みそ汁ではなく日替わりのスープを定食につけるという計画を実行する。コンソメ、クラムチャウダー、季節の野菜のポタージュなどフレンチ仕込みの義彦さんのスープは一部のお客さまに大好評を博した。なかには「毎回替わるスープが楽しみで」と足繁く店に通ってくれる常連さんもいた。

ところが一定数は「なんでみそ汁じゃないの」と不満を漏らすお客さまも。そういうときは渋々ランチで余ったみそ汁を温め直して出す。そうするうち義彦さんはあることに気づく。時にはスープを飲み切らずに残ってくることがある。みそ汁は残ることなんてまずないのに。

「洋食店はごはんをおいしく食べてもらうのがいちばん大事。そしてごはんに一番合うスープってみそ汁なんだと、気づいたんです」

洋食GOTTOのカウンター席。新たにテーブル席を設ける一方で、昔ながらの形も残す

その後、結局スープはみそ汁に戻された。そんな経験を重ねた義彦さんは言う。

「変えるべきものと変えてはいけないものがあるんですよ」

義彦さんが大きく変えたものは「メニュー数」である。

「とにかくメニューを削ることばかり考えてきました」と義彦さんは語る。これにはもちろん忸怩たる思いもある。高度経済成長期以降、現在に至るまで、洋食店には逆風が吹き続けている。ランチタイムにいかに多くのお客さまを効率よく捌くかが勝負なのだ。メニューを絞り込まねば、それは成り立たない。多くの洋食店が直面する課題だが、飲食の同業者としての私から見ると、この店における絞り込み方は極めて的確なものだと感じる。

店の創業期、つまり「洋食店」と「フランス料理店」が不可分であった時代を引き継ぐようなクラシックなメニューは一掃され、今は日本人が「洋食」と聞いて真っ先にイメージするようなメニューが並ぶ。それは言い換えれば〝ごはんに合う料理〟である。「洋食店はごはんをおいしく食べさせることが大事」と言い切るその理念が具象化されている。私から見て義彦さんは、腕利きの料理人というだけでなく、極めて優秀かつ現代的なマー

洋風ハンバーグ。丁寧に仕込まれたデミグラスソースや付け合わせを従えた一見オーソドックスなハンバーグの中に強烈な個性が潜んでいる

カウンターに置かれる漬物はキュウリと青唐辛子の醤油漬け。義彦さんが心底気に入り取り寄せているのも納得の、通好みなうまさだ

アスパラガスのサラダ。創業時から変わらぬぼってりと濃厚な自家製マヨネーズがうまい。マヨネーズはマカロニサラダなどにも使われる

カキフライは、昔はソースをかける人が多かったが、「そのまま」「レモン」「醤油」など、一粒ずつ味を変え、丹念に味わう客が増えたという

ケッターでもあるのだ。

この店の看板料理の一つが季節限定のカキフライ。岩手県広田湾産のカキを使用し、その産地の名は店頭でも店内でも大きくアピールされている。産地アピールはさまざまな飲食店で当たり前のようにあるが、洋食店では極めて珍しい。しかも単に産地を記しただけの、世間によくある陳腐なものではなく、実を伴っている。「日本一のカキ」と一見仰々しいコピーが掲げられているそれは、実際に食べると納得するしかない。単にやわ

らかくジューシーなだけでなく、むっちりと詰まりに詰まった食感と旨味、そして雑味のなさ。義彦さんは、震災後、一度は壊滅した産地との直接交流の過程でこの食材と出合い、提供を続けている。そしてマーケッターとしての義彦さんは適切なPRで看板料理に仕立て上げた。

このようにしてGOTOOでは、メニューも料理も売り方も、さらには内外装も接客も含めてあらゆる要素が時代に合わせて「最適化」されている。だからこそ、この街で支持されている。

誤解を覚悟でいえば、飲食店経営者としての私はともかく、いち洋食マニアとしての私は、「最適化」されていない店のほうに惹かれがちだ。つまり洋食屋の黄金時代であった半世紀前のスタイルを愚直に守り続けている店。しかし、私は真逆にあるはずのGOTOOにはついついつい足が向いてしまう。なぜならそこには圧倒的なクオリティがあるからだ。

その圧倒的なクオリティを感じさせてくれる料理の一つにハンバーグがある。しかしこれはある意味「GOTOOらしからぬ」一品でもある。初めて食べたときに私は驚愕した。その体裁自体は、ふっくらと焼き上げられ、ナイフを入れると肉汁がほとばしる、今の世の中で最も好まれるタイプ。特異なのはそこから強烈に立ちのぼる香辛料の香りなのだ。

しかもその香辛料はハンバーグで一般的なナツメグではなく、クローブとオールスパイス。聞くとその配合は創業以来のものであるとのこと。往年のハイカラ紳士ならともかく、今の幅広い客層だと好き嫌いが分かれかねない個性だ。しかし、義彦さんはこう語る。

「これがダメって人にはほかのものを食べてもらえばいいですから」

なるほど、ほかが最適化されているからこそ、尖った味が一つあっても構わないという自信だ。

「変えるべきものと変えてはいけないものがある」という言葉に一層の重みが増す。変えてはいけないものを守り通すには、変えるべきものは変えていかねばならない。そういうことだ。この哲学がある限り、GOTOOはいつまでも街の繁盛店であり続けるだろう。

※週刊SPA！'21年2月23日・3月2日合併号と3月9日号に掲載された記事を加筆修正しています。

町洋食
5

# 名店の流れを汲む町に根づき愛されるユルさが魅力の店

◉ユニオン（溝の口）

今から60年前、北海道の愛別町から一人の青年が上京した。その青年とは今年で創業53年になる神奈川県川崎市は溝の口のレストラン「ユニオン」店主の藤井博さん。高校を卒業後、定職に就かずにいた藤井青年は、ある日一念発起、旅館業を営む親戚を頼って神奈川県鎌倉市にたどり着いた。しかし、仕事は犬の世話などの雑用ばかり。悶々とする日々を送るなか偶然、横浜調理師学校夜間部第1期生募集のチラシを目にし、料理人への道を歩み始めた。

調理師学校に通う傍ら働き始めたのは、今も続く名店「センターグリル」である。そして、卒業後は東急ホテルに就職。その後、鉄道弘済会の食堂部に移り、店の売り上げを倍増させる活躍を見せる。やがて料理人として、商売人として頭角を現した藤井さんは、組織でのし上がっていくか、自分の店を持つかという人生の岐路に立たされる。そこで意を決して後者を選ぶ。そうして1967年、ユニオンは生まれた。

最初は12席のカウンターのみの小さな店だった。都内にするか迷ったあげく出店を決めた溝の口は、当時はただの田園地帯。しかし将来は必ず発展する町だという確信があった。オープンから3日間はカレーライス、ミートソーススパゲッティ、イタリアンスパゲッティの3種のメニューに絞って定価80円のとこ

藤井店主と店内（写真小）。ファミリー層まで幅広い人が使いやすいように座敷もある

ろを50円で「開店セール」を行う。ところが初日の客入りは散々。目の前が真っ暗になった。溝の口が発展するのはまだ先。こんな田舎ではなじみのない「洋食屋」に誰も寄りつかないのでは？　しかし、それは杞憂に終わった。2日目、3日目と店は列をなす大賑わい。

「近隣の若い人たちが口コミだけで一斉に殺到したんですよ」

藤井さんは、つい昨日のことのように嬉しそうに語る。たった12席では売り上げに限界があったが、軽自動車いっぱいに料理を積んで近くの会社に出前をするなど、なんとか稼ぎを得た。「わざわざ北海道から出てきておめおめとは帰れないし、家族も養わなければいけないしで、必死に働きました」と藤井さんはしみじみと語る。

創業当時のメニューは開店セールの3品のほかには、ハンバーグライス、カツカレー、オムライス、サンドイッチなど。まさにセンターグリル直系の庶民派メニューだ。若い人たちに安い料金でお腹いっぱいになってもらいたい、というそのイズムごと引き継いだ。だから今「ユニオンスタイルオムライス」として提供されるオムライスは、ケチャップラ

ケチャップ味ナポリタン発祥の店「センターグリル」の流れを汲む由緒正しきナポリタン。実は最近までは「イタリアン」と呼ばれていた

イスではなく白いライスにひき肉と玉ねぎ入りのオムレツをのせたセンターグリルと同じスタイルのものなのだ。

ユニオンは、ケチャップで炒められたスパゲッティを「イタリアン」と呼んでいたのだが、店内に貼り出されたメニューでは現代風に「ナポリタン」となっており、グルメ番組でも「ナポリタン」と紹介されるなど表記揺れが甚だしい。「それもどうかと思ったから」と昨年、藤井さんは強引な解決策に打って出る。ある日突然メニューに書かれた「イタリアン」をケチャップの入らない塩味の白いスパゲッティにしたのである。柔軟すぎるというか、ユルい。

ユルいといえばメニューにのる「メキシカン

ピラフとポークソテーを組み合わせたいわくありげなこの料理。気になる名前の由来は、意外なものだった。このボリュームで880円

ライス」だ。私は古くからの洋食店を訪れると必ずメニュー表から「何かわからない、聞いたこともない料理」を注文することにしている。「謎洋食」と私が勝手に名前をつけたその種の料理は、大抵の場合「何かがある」のだ。今では廃れてしまったが、その店が戦後の黄金期から手がけていたフランス料理の由緒ある料理。今ではそんな訳のわからない料理を頼むお客さんなどほとんどいないのに、お店が格別な思い入れやこだわりで出し続けている、みたいな。

私が初めて「ユニオン」を訪れたときに真っ先に注文したのがこの「メキシカンライス」。それはカニピラフにポークソテーがのり、上からマッシュルーム入りのデミグラス

お酒を注文すると日替わりのお通しが無料でついてくるのが妙にうれしい。この日は鶏ハム。安価なおつまみも多く提供されている

もはや日本国内ではほぼ絶滅したアメリカ式中華料理「チャプスイ」。洋食屋で提供されていたそれが、ほぼ「中華丼」に変容して残っていた

ソースがかかった、なかなか胸躍る料理だった。もちろんおいしい。しかし「メキシコ」との関連もそのルーツもさっぱりわからない。数年を経て私はようやく藤井さんにその料理の由来を直接尋ねる機会を得た。ところが「ああ、あれはねえ」と藤井さんは急にモジモジし始める。

「イメージっていうかね、適当ですよ。あるときピラフにポークソテーをのせることを思いついて、でも、名前をどうするか迷って、とりあえず感覚でこれにしました」

その答えを聞いて私はひっくり返った。何かあると思ったのに何もなかったのだ！

しかし、こういうユルさこそがこの店の魅力でもある。数えるほどしかないメニューから始まったこの店は、その後、近くにあって、それまでの倍以上の広さがある現在の店舗に移転し、メニューも膨大に。さらに壁にはメニューにはない細々した一品がところせましと貼り出されている。洋食だけではない。和食や中華、居酒屋のつまみみたいなものまで。

「近所の人たちが、週に何度も来るんですよ。洋食ばかりじゃ飽きるでしょ。これできない？　あれできない？　という要望に応じていたらこうなりました」

私がこの店を訪れるのは閉店近い夜更けが多い。その時間になると藤井さんは営業を創業以来のパートナーである熟練のコックさんたちに任せ、入り口近くのテーブルで帳簿付けをしている。年に数回訪れる私以外はほぼ全員が常連客だ。藤井さんはお客さんが出入りするたびにまるで親戚のおじさんのように気さくに、だが、いかにも元ホテルマンらしい丁寧さで声をかける。そこには孫ほども年の離れた若者もいる。お客さんはビールやハイボールとともに、安くて盛りだくさんな和洋折衷の「サービス定食」で一日の疲れを癒やす。そこにはまるで実家に帰省したときのような安堵の時間が、ただ静かに流れている。

※週刊ＳＰＡ！'21年３月16日に掲載された記事を加筆修正しています。

町洋食
6

# 独特なスタイルを持つ洋食店

◉アカシア（新宿）

東京は、どこよりも昔ながらの洋食店の多い街であり、その店々の多くには、どこか共通するスタイルのようなものがある。ポークカツレツや各種フライもの、ビーフステーキやポークソテー、そしてビーフシチューあたりが看板メニューで、昨今だとハンバーグやオムライス、ナポリタンあたりも欠かせない。伝統的なメニューの味の決め手は、なんといっても濃厚なデミグラスソース。

特に庶民的な店では定食類に、スープではなくみそ汁がつくのもお約束だ。そういうお店では、何種類かの料理を目玉焼きやサラダとともに一皿に詰め込んだ「大人用お子様ランチ」的な趣の盛り合せ定食が「Aランチ」「Bランチ」といった名称で提供されていることも多い。

こういった典型的な洋食店スタイルは、もちろん東京だけにとどまらず全国に波及しており、我々が「洋食屋さん」と聞いてまずイメージするのは、そういうお店だ。

そんな東京のど真ん中にある新宿に、創業60年になろうとする一軒の洋食屋がある。アカシアという名のその店は、しかしそういったスタイルの洋食屋とは、どこか、いや、はっきり異なる。もちろんビーフシチューやハヤシライスといった王道の洋食メニューも取り揃えているが、この店で圧倒的に人気のあるメニューは「ロールキャベツシチュー」だ。ポークカツも目玉焼きハンバーグもナポリタンもないし、定食にみそ汁はつかない。

新宿という日本有数の繁華街にあり毎日多くのお客さんが訪れるアカシアは、東京を代表する人気の老舗洋食店の一つと言えるだろう。しかしそのスタイルはかなり個性的なのである。

## 1963年にアカシア誕生

アカシアの創業者である鈴木邦三さんは終戦後、家業の魚屋を継いだ後、食べ物屋に転身した。最初はラーメン屋、そしてのちにその店を定食屋に切り替えた。

「どちらもずいぶんと当たったようですよ」

そう語るのは、創業者の孫にあたり、現在のアカシアを取り仕切る鈴木祥祐さん。

邦三さんは料理に関してほぼ独学ながら、とにかく料理が好きで、また商家の出身ということもあり商売の機微にも長けていたようだ。

その後、邦三さんはまたもや商売替えを行う。ラーメン屋、定食屋ときて今度は洋食屋である。当時はいうなれば洋食屋の黄金期。洋食は外食産業の花形であり、東京では次々に新しい洋食屋がオープンしていた。邦三さんはそういった店を食べ歩いては研究し、またしても独学で洋食屋「アカシア」をオープンした。1963年のことである。

しかし残念ながらその業態転換は決して順調ではなかった。東京オリンピックの開催を目前にして、外国人観光客の増加や景気の拡大を見据えた邦三さんは、洋食店アカシアを周りの店よりちょっとばかし高級な店と位置づけてオープンさせたのだが、もしかしたらそれは時代を少しばかり先取りしすぎていたのかもしれない。

「ラーメン屋や定食屋時代と比べてお客さんがガクッと減ってしまったそうです」

祥祐さんは祖父から聞いた当時の話をそう語る。

開店当初のアカシアは、ステーキや海老フライを中心とする「高級洋食店」だった。いうなれば東京洋食の典型的なスタイルである。しかし高価格設定が災いしたのか、2か月、3か月と泣かず飛ばずの状態が続く。しかしそのとき、邦三さんにあるアイデアが閃いた。それがその後から現在に至るまでアカシアの看板メニューとして多くの人々に愛され続けているロールキャベツである。

## ロールキャベツシチューは家庭の味

実は邦三さんにとってロールキャベツは、子どもの頃から慣れ親しんだ「家庭の味」だった。

まだ「戦後」とも言っていい時代の家庭料理がロールキャベツというのはずいぶんハイカラな話だが、よくよく考えるとロールキャベツは、少量の挽き肉さえあれば、あては野菜だけで賄える実に家庭向きの料理。邦三さんの母は戦後間もない横浜の、外国人の来訪も多かったという、ある上流家庭でその作り方を学んだそうだ。

邦三さんの母は朝まとめてこれを作っておき、そのまま仕事に出かけた。子どもたちは夜、両親の帰りを待ちながらこれを温め直してごはんと一緒に食べた。一皿で肉と野菜がバランスよく摂れて、しかもごはんによく合う味つけ。身も心も温まる鈴木家の家庭料理は、まさに母の愛であり、そしてそれがその後、アカシアの経営危機を救うことになった。

邦三さんはこのロールキャベツを、ライスと組み合わせたセット、つまり少年時代に家で食べていたのとまったく同じシンプルなスタイルで提供した。このときのライスは、東京の洋食店としては珍しく、皿ではなく茶碗で提供された。これも、もしかしたら子どもの頃から慣れ親しんだ家庭料理へのオマージュだったのかもしれない。温かさが身上であるロールキャベツにつくライスを「皿より冷めにくい茶碗で」というのは確かに理に適っている。

高級洋食店だったはずのアカシアに突如登場したロールキャベツとライスのセットは、120円という安値で提供された。それは当時のタクシーの初乗り料金と同じだった。

「それくらいの値段だったらさすがに多くの人に食べてもらえるだろう」

こうした邦三さんの読みは、今度は見事に当たった。


ロールキャベツといえば誰もが知る洋食メニューの一つだが、これが洋食屋で提供されるのはまれである。洋食はあくまでフランス料理、ないしは英国式フランス料理が主なルーツであるが、ロールキャベツはもともとその系譜にはない。どちらかいうとドイツから東欧、ロシアにかけてのイメージか。

いずれにせよロールキャベツは、もともと、レストランの料理としてではなく家庭料理として日本に入ってきたようだ。少量の肉を大量の野菜で「かさ増し」して、経済的に作ることもできるという意味で、コロッケほどではないにせよ庶民的なイメージもあっただろう。現代では洋食メニュー全般にすっかり「庶民的」なイメージがついてしまっているので、そのあたりの感覚はイメージしにくいかもしれないが。

創業間もない高級洋食店アカシアでは、ロールキャベツのそんな「洋食にしては庶民的」なイメージを逆手にとって、それをあくまで庶民的な料金で売り出し、またたく間に大人気を博したというわけだ。

もちろん人気の理由は安さだけではなかった。うまいし、よその店には似たものがない。そしてどこか「ヤミツキ」になる味わいがあったからだ。

アカシアのロールキャベツは、正確には「ロールキャベツシチュー」という名前でオンメニューされている。その名のとおり、とろりとしたクリームシチュー風の見た目だ。私がこのロールキャベツシチューに初めて出合ったのは今から5年ほど前のこと。もちろんその時点でこのメニューが創業者の母の味を再現したものであることなど知る由もない。

## アカシアのロールキャベツシチュー、その独特なおいしさの秘密とは

見た目からいかにもミルキーなホワイトソース的味わいを想像しつつ、まずそのソースを口に運んで私はびっくりした。確かにまったりとしたまろやかさはあるものの、ミルク感は皆無だったからだ。これは牛乳ではなくロールキャベツを煮込んだスープに小麦粉を炒めたルウでとろみをつけたものであろうということは、なんとなくわかった。今ではあまり見られないクラシックな手法だ。しかしそうであっても、ルウには必須のはずのバタ

ー風味もない。そしてこういった古典的な煮込みにつき物のナツメグ、クローブ、ローレルといった香辛料の風味もない。ソースはひたすら肉と野菜の旨味が凝縮し、それが渾然一体とまとまった味わいだった。シンプルな塩の味がそれをキリッと引き締め、確かにごはんが欲しくなる。あえてわかりやすく言うとラーメンの白湯《ぱいたん》スープを限りなくエレガントに仕立てたような味。

ちなみに現在のアカシアを取り仕切る鈴木祥祐さんは、博多で初めて豚の臭みを抑えたタイプの豚骨ラーメンを食べたとき「これはウチのロールキャベツに通じるものがある」と驚いたそうだ。

ロールキャベツ本体は子どもの握りこぶし

創業以来変わらぬ味を守るロールキャベツシチュー。やさしい味はやみつきに

ほどもある大きさ。ナイフを入れるとスッと抵抗なく切れ、ねっとりとまとまった肉ダネがしっかりと中心に巻かれた見事な断面が現れる。この店の常連客はこれをナイフやフォークは使わずスプーン一本で食べ進めるという話をのちに聞いたが、それも納得のやわらかさだ。それだけではない。普通、ロールキャベツをスプーンのみで食べようとすると、それが充分に煮込まれたものであってもキャベツはすぐにバラバラになる。しかしこのロールキャベツはそうはならない。スプーンの縁でカットしてそれを口に運ぶまで、一体感は維持される。

そんな、どこにでもありそうで実はここにしかないロールキャベツの作り方を、祥祐さんは惜しげもなく教えてくれた。

肉ダネは牛豚の合挽き肉に玉ねぎと少量のニンニクが加えられる。それを巻くキャベツは、球の中心近く、中葉、外葉と小中大の順番できっちりと巻かれる。材料の無駄を出さずなおかつ均等に巻きあげる合理的な職人技だ。

大鍋に隙間なく並べられたロールキャベツは、チキンブイヨンで煮込まれる。まずは2時間、1時間冷まして味を浸透させてからまた2時間煮込む。キャベツは型崩れすることなくやわらかく仕上がり、牛・豚・チキン、そして野菜の旨味が凝縮したスープも同時に完成する。

そのスープにとろみとコクを加える小麦粉のルウには、バターではなくラードが使われる。これは創業者・鈴木邦三さんの母の作り方そのままだ。

「当時の一般家庭ではバターなんておいそれと手に入らなかったからでしょうね」と祥祐さんは語る。いわば最初は「代用」だったのかもしれないが、実はこれがソースに個性を与えている。

「なにしろバターはおいしすぎるからね」と祥祐さんが言うのももっともで、ラードだからこそ肉と野菜の純粋な風味を覆い隠すことなくソースにコクを与える。ラーメンを思わせるやみつきになる味わいも、このラードによってもたらされているところがありそうだ。

## 老舗の進化

レシピは創業以来基本的に変えていない。ただし近年になって煮込む際にローレルを2枚だけ加えるようになったそうだ。加えるといっても大鍋に2枚だからごくわずかな量である。常連客にも変化を気づかれないようにしつつ細かいアップデートを欠かさない、いつだってこれが老舗の老舗たるゆえんだ。

「レシピは変えてないけど、肉は昔に比べて格段においしくなりましたね」と、祥祐さんは言う。

そしてさらに「昔からなじみの肉屋さんが、ときどき在庫の関係とかで和牛のすごくいい肉を持ってくるんだよね。それで作ると抜群にうまいんですよ」とも。だから運のいいお客さんは時に普段よりさらに「抜群」なロールキャベツに出合えるということになる。

「だから肉屋さんには『あんまり和牛は持ってくるな』って言ってるんですよね。お客さんが次に来たとき、がっかりしちゃったら困るんで」

ロールキャベツシチューは創業当時から現在に至るまで、押しも押されもせぬアカシアの名物である。単品は「二貫」だが、「一貫」のハーフサイズもあり（この「貫」という数詞が実に味わい深い）、そしてその「一貫」と他の料理を組み合わせたセットメニューが数多くある。

その中でも、ロールキャベツシチューとカレーをライスの左右に「合いがけ」にした一皿は、何かイケナイことをしているかのような悪魔的魅力を放っている。アカシアのカレーは2種類あり、どちらもカレー専門店にも引けを取らない絶品なのだが、とりわけ「極辛カレー」と銘打たれた骨付きチキンのスパイシーなカレーは、おそらく食べた誰もが驚く逸品だ。これを作ったのが先代の鈴木康太郎さん。創業者の息子さんで、祥祐さんの父にあたる。この「極辛カレー」の誕生秘話について筆を起こそう。

## 極辛カレーの登場

アカシアの人気メニューの一つである「極辛カレー」は、今から30年ほど前に二代目の鈴木康太郎さんによって生み出された。

旅行先のインドで出合ったカレーに衝撃を受けた康太郎さんは、帰国後すぐに独学でインド風のチキンカレーを作り上げる。今のようにいくらでも本場のレシピが手に入る時代ではない。しかしこの極辛カレーはものの見事に正統派インドカレーだし、しかもそれが洋食屋の一品として違和感のない、スマートな味わいにまとめ上げられている。

名前は極辛カレーライスだがそこまで辛いわけではなく、おいしさを極めている

「30年前にこれを作って出すってすごいですね」と私が感嘆すると、三代目の祥祐さんはこともなげに「そうですかね。だって中村屋さんなんてもっと昔からやってたでしょう」と答えるが、あちらは最初からインド人が関わった専門店である。比較基準がそこ、というのがまた痛快だ。確かにこのカレーには中村屋に通じる本格感と洗練が同居している。

洋食屋のカレーは、あらかじめスパイスがブレンドされた「カレー粉」を使うのが一般的だ。ちょっと凝った場合でも、それをベースに単体のスパイスを足すような作り方。しかしこの「極辛カレー」にはカレー粉独特の風味がまったく感じられない。そのことを問うと祥祐さんは、「最初は訳もわからず作ったんでしょうね。ありったけのスパイス17種類を、ああでもないこうでもないと組み合わせてオリジナルのガラムマサラ的なものを完成させたようです。インド人に言わせると『スパイスの種類を使いすぎ』ってことになるんでしょうが」と笑う。

康太郎さんの料理人としてのすごみと同時に、祥祐さんの現代的にアップデートされたインドカレー知識にも脱帽だ。

康太郎さんはもちろんこのカレーだけでなく、いくつもの人気メニューを開発した。また、料理家として一般向けのレシピ本などの作成にも携わった。そんな康太郎さんのオリジナリティ溢れる作品を紹介しよう。それが、アカシアで生野菜とともに供される「りんごドレッシング」だ。

すりおろし玉ねぎのドレッシングは洋食屋の定番で、そこに隠し味的にりんごが加えられることはあるが、このドレッシングは主従が逆転しており、あくまでりんごがメイン。紅玉とふじの酸味を生かして酢もりんご酢。そこに玉ねぎやセロリなどの香味野菜とハチミツが加えられる。これもまた「ここにしかない味わい」の逸品だ。

## 本場のソーセージやビールがやってきた

このように親子三代で紡がれてきたアカシアであるが、ここでもう一人、言うなればトリックスター的人物が登場する。鈴木邦彦さん。邦三さんのもう一人の息子、つまり祥祐さんにとっては叔父にあたる。

邦彦さんは大手ハムメーカーに就職した後、マイスターの資格を得るために本場ドイツに渡った。

「そして結局、行ったきり帰ってこなかったんですよ。向こうで結婚しちゃって」と、祥祐さんは笑う。

この邦彦さんが、ドイツに居を構えながら時折帰国してアカシアに伝えたのが本場のハムやソーセージ。これがロールキャベツや洋食メニューと並んでアカシアの料理の柱となった。

私がアカシアで必ずと言っていいくらい注文するメニューが「釜揚げソーセージのグリル」だ。言うなれば豚肉のパテで、ブリッとした絹ねりの小気味いい食感に粗挽き豚の食べ応えが混ざり、マスタードや香味野菜の風味が、熟成感のある肉の旨みに華やかさを添える。

　初めてこれに出合ったとき、私はそのうまさに感激しつつも「なぜ洋食屋にこんなメニューが？」とずいぶん訝しんだものだったが、これもまさに邦彦さんの仕業だったというわけだ。

　邦彦さんはほかにもスパイシーなチキンソーセージや、シンケン、リオナ、ズルチェ、レバーケーゼといったさまざまなソーセージを伝え、本場ドイツの味わいを次々とアカシアにもたらした。一時期はそれらを日替わりで銀盆に何種類も並べて客席を回るというプレゼンテーションも行われた。もちろんそれも邦彦さんがもたらした本場流のレストランサービスである。

　それだけではない。邦彦さんがドイツからの輸入ルートを築き、アカシアは樽詰のドイツビールを導入した。ここに来

筆者が飲みにいく際、オーダーに際し欠かさなかった「釜揚げソーセージのグリル」。コロナ禍で、メニューから外れていることもあるので注意

りんごをベースに作られたアカシアオリジナルのドレッシング。すっきりとしたりんごの酸味が野菜によく合う。ぜひ、試してほしい

てついに「名物ロールキャベツ＋正統派洋食＋ドイツ風ビアホール」という、他に類を見ない独特のアカシアスタイルが完成したというわけだ。

結果論でいえば、洋食ともドイツ料理ともとれるロールキャベツがその両者の橋渡しをするという、まるで最初から計算ずくであったかのような業態コンセプトの構造になっているのが見事である。

## 雑多な街で、多彩な楽しみ方を

コロナ禍は全国の飲食店に暗い影を落としたが、それはアカシアとて例外ではなかった。特に夜は、食事需要のお客さんを低単価で効率よく回転させることに集中するしかなく、ドイツビールやワインのつまみである邦彦さん直伝のソーセージ類は、執筆時点ではまだ復活待ちだ。

そんな中、祥祐さんはロールキャベツやカレー、ドレッシングなどの冷凍通販に力を入れるという経営手腕を発揮した。

コロナ前のアカシアは、新宿という場所柄もあって、客層の幅広さがお店の魅力でもあった。会社帰りにふらりと立ち寄るビジネスパーソンは、老若男女を問わず一人客も多かった。もちろんグループで賑やかにビールやワインを楽しむ人々もいた。その中にはこれから歌舞伎町に繰り出すご陽気さんもいたし、そこにある店に出勤前の華やかな夜の住人たちも。

「経営的にはダメなんですよね。ターゲットを絞り切れていないってやつで」と、祥祐さんは辣腕経営者らしいことを言う。

「でもそうやって、さまざまな人たちがいろんな楽しみ方をできることもこの店の良さなんじゃないかと思って」

これには私も全く同感である。コロナが収束すれば、そんなある種カオスなアカシアがまた戻ってくるだろう。

同感といえばもう一つ。ロールキャベツの話をしているときに、祥祐さんが面白いことを言っていた。

「日本におけるロールキャベツの歴史を調べたのですが、いちばん古いものは明治時代の家庭向け料理本でした。そこに書かれているのはコンソメ味でもトマト味でもなく、ウチと同じ、小麦粉のルウで仕上げるもの。バターかラードかという違いはありますが、このロールキャベツこそが正統なルーツの継承者だってことがわかりました。今後はそういう部分もちゃんとアピールしていきたいな、と」

これにも僭越ながら「我が意を得たり」であった。

世の中の洋食屋は、あたりまえにおいしいものをあたりまえのように粛々と提供し続け、お客さんはそこに安心感とノスタルジーを求める、そんな閉じた循環に収まってしまいがちだ。それは確かにストイックで美しい世界かもしれない。しかし同時にそれだけではもったいないと私は思う。洋食が持つ豊饒な物語は、もっと語られるべきである。とりあえず新宿に来れば（あるいは通販を利用すれば！）日本のロールキャベツ史におけるルーツに出合えるのだ。

そしてそれは今も、新宿という雑多な街で、さまざまな人々を魅了し続けている。

※ぐるなび内「みんなのごはん。」に'21年12月に掲載された記事を加筆修正しています。

町洋食
7

# 正統派レストランであり居酒屋でもあるレストラン

◉レストラン桂（日本橋室町）

古くからのオフィス街と最新の商業施設が共存する東京・室町の一角にレストラン桂はある。店頭のガラスショーケースには定番料理の食品サンプルが並ぶ。少々年季が入っており、いい感じに色褪せているのが、いかにも街の洋食屋然としていて味わい深い。

しかし傍らに目を移すと、どこかフレンチビストロを思わせるような瀟洒なメニューボードも置かれている。その内容は日ごとの定食メニューなのだが、その内容を見るとそれは、メインディッシュにライスとみそ汁がつくような、いわゆる町洋食の定食というよりは、かつてフランス料理のコースに定食という訳語があてられていた時代の「定食」を思

周辺にはCOREDO室町など新しい商業施設が続々とできるなか、昔ながらの店頭のガラスショーケースが目を引く。店の歴史を感じずにはいられない佇まいだ

店先にある本日のメニューには、人気のポタージュスープや有頭エビフライを組み合わせたセットメニューも。日ごとのセットの内容にも注目

わせるクラシカルな内容が綴られている。

扉をくぐるとそこはちょっとした異世界だ。

店内には純白のクロスがかかったテーブルが整然と並び、まさに「レストラン」の、少し背筋が伸びる佇まい。しかし同時に目に入るのは奥の酒棚にずらりと並ぶウイスキーや焼酎のキープボトルだ。夕暮れ時になると、この店は仕事帰りの男性ビジネスマンで活況を呈す。いわば紳士たちの社交場だ。彼らは生ビールやウイスキーのグラスを傾けながら、オーセンティックな洋食だけでなく、この店ならではの軽やかな「おつまみメニュー」を楽しむ。時にはマダムをつかまえて洒脱な会話が繰り広げられる。ある意味、本来の「ビストロ」つまりフランスの居酒屋が、すっかり日本化して根づいた光景と言えるのかもしれない。

## 紳士たちの社交場

　そんなレストラン桂が誕生したのは1963年。お店自体はその前から存在しており、ここともう一店舗、堀留の店とともに別のオーナーが経営していた。あるとき、そのオーナーが「家賃が高すぎて儲けが出ない」という理由でここ室町店の閉店を決めたのだが、そこでチーフを務めていた手塚正昭さんが大借金をして店の権利を買い取り、店を継続することになった。それまでずっと店を取り仕切ってきた正昭さんにとって、愛着のあるこの店がなくなってしまうのがあまりに忍びなく、また実際、お店には多くの常連さんがついていた。ここからレストラン桂の歴史が始まる。お店は正昭さんと奥さまの清美さんを中心に、2人の兄弟も手伝い、文字通り家族経営での再スタートを切った。

食器の下に敷く三角に折られた紙ナプキン。なんとこのナプキン、ママさんが折って入れているらしい。そんな細やかさにも店の温もりを感じる

店内も外観と同様に昔ながらの洋食店の装いを残している。日本橋室町にあるお店としての上品さもあり、男性と女性、幅広い年齢層に愛されるお店なのだ

お客さんがついていたとはいえ、前オーナーが「儲けが出ない」と手放すくらいだから、経営は決して楽ではなかった。正昭さんは周辺企業の会議弁当を請け負うなどして売り上げ確保に努めたが、それでも苦しいことに変わりはない。そこで正昭さんが考えたのは「昼に来てくれるお客さんに夜も来てもらう」ということだった。幸い昼は忙しいビジネスマンがひっきりなしに来店し、当時150円のハンバーグと50円のライスなどを、ものの10分で平らげては次のお客さんに席を譲るといった活況を呈していた。

当時レストラン桂はいかにも正統派の高級西洋料理店らしく、夜はフランス料理のコースも提供していたが、それだけでは日常使いにはそぐわない。正昭さんはビールやウイスキーなどのお酒を積極的に提供するとともに、お客さんの要望には柔軟に応え、店にある洋食の食材をフル活用して「焼き鳥」や「レバニラ」など、当意即妙に「つまみ」を提供した。そしてそれだけではなくカワハギやいわし丸干しなど洋食屋らしからぬつまみも置いた。いうなれば洋食屋でありつつ居酒屋でもある、というレストラン桂の独特なスタイルがその時点で完成したというわけだ。昼は10分でそそくさと食事を済ませる人たちが、仕事を終えると今度はゆったりとした時間の中で一日の疲れを癒やす。レストラン桂は、室町になくてはならない存在となった。

現在この店には、いかにもレストラン的な重厚さをたたえるメインメニューのほかにも「自慢のいっぴん」と題された裏メニュー的な小メニューがある。そこにはメインメニューからこぼれた正統派洋食メニューに加えて、そんな当時からの「おつまみメニュー」が並んでおり、それらは現在も夜ごとにここに集う紳士たちの心をガッチリつかんでいる。

## 看板メニュー「海老フライ」のスゴさ

とはいえ、もちろんこの店の主役は、愚直なまでに丁寧に作り込まれた伝統の洋食メニューだ。今どき珍しくカップではなくスープ皿でたっぷりと供されるコーンポタージュは、ただ甘いだけでないどこか気品のある味わい。ビーフシチューやタンシチューはいかにも「東京の洋食」らしい、とろけるやわらかさをどっしりとしたデミグラスソースが引き立て

今回、筆者が取材のタイミングで注文した「レバニラ炒め」。こうした「自慢のいっぴん」が充実しており、時折、隠しメニュー的に売られているものも

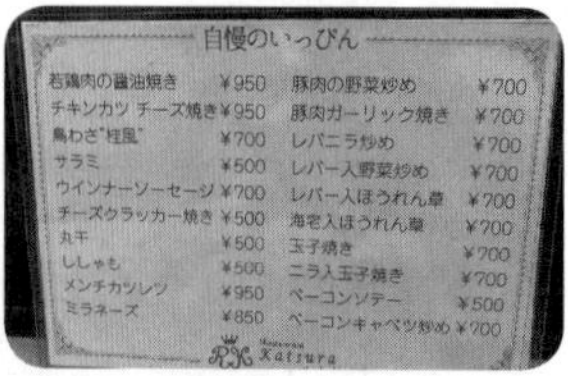


正統派な洋食を楽しむ層だけでなく、夜にお酒を飲みに訪れるお客さんをも楽しませてくれる「自慢のいっぴん」。ついつい食べすぎてしまうので注意したい

る王道のおいしさだ。

キリッと効いたナツメグなどの香辛料が懐かしくも華やかなごちそう感を演出するハンバーグや、洋食店ならではの繊細な火入れが楽しめる牛ロースステーキも定番の人気メニュー。

なかでもこの店のスペシャリテともいえる珠玉の一品が海老フライだ。

海老フライという料理はほとんどの洋食屋において花形的な存在だが、この店のそれは日本でも屈指だと私は思う。この店にしては決して安くはない料金だが、それであっても原価が心配になるような立派すぎる有頭エビが使われている。「日本でいちばん大きな海老フライなんじゃない？」という常連客もいるという。確かに、切り込みを入れて無理に長さを伸ばしたり衣で上手に太らせたりした巨大海老フライみたいなものを除けば、本当に日本一かもしれない。

「本日のメニュー」にもラインナップされている「スペシャルサーロインステーキ」。サラリーマンの懐には、やや勇気が必要な料金だが、味は確かだ

同じく「本日のメニュー」の一角を担うほど人気が高い「コーンポタージュスープ」。どこか昔懐かしくやさしい味わいを保ちつつ、特別感を抱かせる一品

料理というのは、大きければいいというものではないが、こと海老フライに関しては、確実にその太さがおいしさに影響する。香ばしく揚がった衣からじんわり火が通った中心部分に至る、カリッ、みしっ、しっとり、という魅惑のグラデーションが、熟練の揚げ技術で創出されるのだ。

大きな海老の頭にパンパンに詰まった海老ミソもまた魅力だ。有頭エビの頭は高級感を醸すための飾りに過ぎないと認識している人は少なくないかもしれないが、ここの有頭海老フライを食べたらその認識は確実に変わるのではないだろうか。有頭だからこそそのミソの旨味と脚の香ばしさ。海老フライの頭と身が接する部分をナイフで切り取って頬張る一

2人で一皿をオーダーした場合に出てくる有頭エビフライ。ありがたいサービスだ

口がこの料理のクライマックス。切り取った頭はぜひ手づかみで、その奥の奥まで余すことなくしゃぶり尽くしてほしい。

ちなみにこの海老フライを2人で一皿オーダーすると、最初からつけ合わせやタルタルソースとともに2皿に分けて出される。こんなところにもこの店のレストランとしての矜持が感じられるし、実際それによってこの店のスペシャリテに邪念なくじっくり向き合えるのは、ただただうれしいひとときだ。

ジャンルは違えど飲食業という同業者である私の目から見ると、この店の料理はそれに要する手間や技術、加えて食材原価から考えると、正直言って安すぎると思う。

創業者である手塚正昭さんからこの店を引き継いだ息子の清照さんにその感想をあえて率直に投げかけてみた。飲食店に対していたずらに安さだけを称賛することの愚は、同業者として十分すぎるほど承知してはいるわけだが。

「この辺りは次々に新しい商業施設や飲食店ができてどんどん生まれ変わっていくなかで、ウチが昔ながらの効率の悪いやり方を続けてるのは自分でもバカだな、と思います」そう清照さんは笑う。そして、「でも大丈夫。原価も含めてちゃんと利益は出てますよ」とも。

それは清照さんを中心に熟練した職人たちの手際のよさが手間を圧縮しているとも言えるし、洋食店には珍しくお酒でしっかり利益を確保できているこの店のビジネスモデルが全体として適正な利益を生んでいる証しでもあるだろう。老舗恐るべし……。

## ママさんは店の顔

この店の魅力は、そんな本来の意味での「コストパフォーマンス」を体現している安くておいしい料理だけではない。創業者の奥さまであり、この約60年間ずっと接客の中心だった清美さんの存在は、もはや店の歴史そのものと言っても過言ではない。

関西出身の清美さん、通称「ママさん」は、とにかく常連客に愛されている。酒も入って上機嫌な常連さんたちは、いつもくるくると忙しく立ち働くママさんに気を使いつつ、少しでもチャンスがあるとすかさず話しかける。しかしそんなときの清美さんはあくまでクールだ。さらっと会話を切り上げるとすぐ仕事へと戻る。知らない人から見るとその姿は、今の言葉で言う「塩対応」とすら見えてしまうかもしれない。でも当の常連さんたちはとてもうれしそうだ。

「あたしは愛想がないからね」と、清美さんは笑う。

「昔のお客さんはみんな定年でいなくなって、気がついたらみんな年下。あたしはそんなお客さんたちに友達として接してるだけ」とも。そんなさりげない一言に、生涯「看板娘」である清美さんの、サービスパーソンとしての魅力がにじみ出ているような気がした。昨今の飲食店の、元気で、丁寧で、いつだってお客さんを立てる接客技術はもちろん素晴らしいかもしれないが、実はそんなものはなくたって「お友達」を思いやる気持ちは過不足なく伝わるのだ。ましてや過剰なサービスなどそもそも不要で、そこにあるのはお店とお客さんのフラットで自然な信頼関係。ある意味、これがこれからの飲食店が目指すべきことなのかもしれない。


私が初めてこの店を一人で訪れたとき、「ママさん」のあくまで淡々としたクールな接客に若干の緊張を強いられたのは事実だ。しかし、店内を埋め尽くす紳士たちとママさんの自然体なやりとりを見ているうちに、その空間はとても心地よいものに感じられ、いつしか心からリラックスしていた。

これは余談なのだが、その最初の訪問で会計のとき、ママさんはレジのキーをリズミカルに叩きながら私の足元にチラッと目をやると、「いい靴やね」と言って、初めて笑った。その日私は、お気に入りのちょっと派手な靴を履いていた。不意を突かれた私は、あっどうも、とぎこちなく返しながら心の中で、「ツンデレかよ……」とつぶやき、ニンマリしつつお店を後にしたのだった。

## この街になくてはならない店

そんな「紳士たちの社交場」であるレストラン桂にも、さらに少しずついい変化が生じている。

二代目である清照さんは、「以前に比べると、女性のお客さんがずいぶん増えました。おひとりで来店される方もたくさんいらっしゃいます」と、うれしそうに語る。10年ほど前におしゃれな大規模商業施設ができたこの街は明らかに人の流れが変わり、そうしたなかでこの渋すぎる老舗を訪れる新しいお客さんも徐々に増えていった。商業施設やその周辺には、最新のいかにもおしゃれな飲食店も激増したわけだが、そこでこのレストラン桂を選ぶ人に対し私は「お目が高い」と称賛を送りたい。

そんなこの店にも、当然ながらコロナ禍は手痛い影響を与えた。創業時からずっと経営の生命線であった夜の営業がままならない日々。しかしそんななかで、とある近隣の企業が、先払いの食事券を発行して資金繰りを支えたという。創業以来ずっとこの街になくてはならない存在であり続けたレストランの窮状を、ほっておくことなんてできなかったのだろう。

今ようやくコロナ禍も収束の兆しが見えるようにもなり、少しずつだがかつての賑わいが戻りつつある。

「きっと皆さん戻ってきてくれると信じてます」。清照さんは安堵の表情を浮かべつつ「だから少なくともあと10年は頑張ってもらわないと」と、母親であるママさんを見やる。

当の清美さんは息子のそんな言葉を聞いて「うふふ」と笑った。

※ぐるなび内「みんなのごはん。」に'22年2月に掲載された記事を加筆修正しています。

# 第二章

# こだわりと愛情から生まれた「みんなのごはん」

みんなのごはん
1

# ふらっと寄れる「高級割烹顔負けの居酒屋」

◉竹政（大塚）

## 和食好き、日本酒好きのパラダイス

居酒屋が大好きだが、割烹はもっと好きである。総じて割烹は扱う食材の質が良いし、一品ごとにかける手間も潤沢。もちろんその分お値段も高いので「どうしてもおいしい和食が食べたい」という、ここぞのときに気合を入れて行くことになる。

ただ割烹には、気合だけではなんともならない部分がある。基本的には予約を入れてから行くものなので、気心が知れたお店でない限り、突然気分が高まったからといってふらっと立ち寄るわけにいかず、一人で行くのも遠慮してしまう。

その点に関していえば、やっぱり居酒屋もいい。ちょっとでも気が向いたらふらっと寄って、食べたいものだけ食べて、飲んで、サクっと帰る。日常的に伸び伸びと楽しめる空間なのだ。

お通しに出される椀物。この日は「じゅんさいとウニの冷やし椀」だった

「竹政」は、まさにその両方の良さを兼ね備えたお店だ。かといってどちらかが中途半端ということもない。気が向いたときにふらっと寄れるお店。それでいて出てくる料理は世の割烹をしのぐ逸品揃い。しかも店主ご夫妻はお酒が好きすぎて、その日本酒愛はお店のメニューにもダダ漏れ。もはやパラダイスなのだ。早速、ある日のパラダイスぶりを紹介したいと思う。

まずは「じゅんさいとウニの冷やし椀」。こちらのお店ではお通しとして必ず椀物（汁物）が出てくる。私は和食のなかで椀物がいちばんといっていいほど好きなのだが、居酒屋だとメニューに椀物を置いている店はまずない。実はこれが「割烹のほうが好き」な理由の一つなのだが、それがこちらではその日ごとに違う内容で必ず出てくる。毎回のっけから楽しみでしょうがないのだ。

蒸し暑かったこの日は、こちらの気分を見透かすように冷たいお椀。酒に合わせて気持ち濃い目でありつつ上品このうえないダシは、一流の割烹そのもの。この季節ならではのじゅんさいがまたうれしい。

正直に言うと、私は普段は日本酒をあまり飲まない。なので詳しくはない。ただ、この店に来たときだけは1杯目から日本酒をいただく。なぜなら椀物にはやっぱり日本酒を合わせたいからだ。だから銘柄はいつも女将さんにお任せしている。

この日も「今日の1杯目にふさわしいやつを」と、雑極まりない注文にもかかわらず、「鍋島summer moon」を出していただいた。キリッとした辛口、フルーツのような甘い香りと微かな後口があって、椀物のウニとの相性がドンピシャ！

　そして、向付けには「鰹の藁炙り土佐塩造り」。私は鹿児島出身なので子どもの頃からカツオのタタキを嫌というほど食べてきた。カツオは案外個体差の大きい魚で、おいしいカツオからそうでもないカツオまでひととおり食べてきたつもりだったが、ここのタタキは別次元なのだ。夏や秋は常連さんたちがこれを目当てに訪れる、この店のシグネチャーと言ってもいい料理。産地よりも身質を徹底して重視する仕入れの吟味ももちろんだが、まるで燻製のような強い芳香をまとう炙りの技術も、一般的なわら焼きとは明らかに違う。大将にそのことを尋ねると、その驚くような工夫をあっさり教えてくれた。

1杯目は「鍋島 summer moon」。なかなか味わう機会のない銘酒にも出合える

　普通のわら焼きは、とにかくわらをぼうぼう燃やして、その炎でカツオの表面を炙るのだが、ここのわら焼きは北京鍋で間接的にわらを燻すのだという。そこにカツオを並べてフタをする、まさしく燻製ということ。カツオがしっかり薫香をまとっ

向付けとして「鰹の藁炙り土佐塩造り」を注文。見た目だけでも違いがわかる

たらそこで初めてわらに直接火をつけ、一気に焼き目を入れる。

これを聞いて「こんなすごい秘密、書いちゃっていいんですか？」と何度も確認したのだが大将は「構いませんよ」とのことなので書いている。書きながらまだ、本当に大丈夫かなと不安にもなったが、方法自体は真似できてもそれぞれの工程の絶妙な加減はそうそう真似できない、という自信の表れでもあるのだろうと思った。かっこよすぎる。

そして、分厚い切り身。もちろん厚けりゃいいってもんではないが、この店のカツオは、ガブリとかみつくこの厚さでいちばん生きるのは間違いない。実際、大将はいろいろな厚みを実際に試したうえで「これしかない」というところにたどり着いたとのこと。文明の極みみたいな厨房仕事で原始の本能が揺さぶられる、人類の到達点を感じた。

そして、脇に添えられた薬味がまたニクいのだ。玉ねぎやミョウガ、大葉などをキリッとした味わいの特製ポン酢で軽く和えてある。カツオとの相性は言わずもがなだが、私はあえて別々に食べている。なぜなら、この旨味が凝縮されたカツオを、カツオオンリーで口内を満たしたい、という煩悩まみれの欲望。そして、この薬味自体が最高の一品料理だから。正直これだけで延々と飲めるのだ。

取材をお願いする際、「この料理は絶対に紹介したい」と筆者が頼みこんだ一品

私はビールが大好きだ。スモーキーで塩のキマったカツオにこれを合わせるために1杯目のビールをあえて我慢したというのもある。しかも、ここには知る人ぞ知るビール「白穂乃香」が。これは上面発酵で無濾過のにごりという超変態ビールで、

メーカーさんも限られた飲食店にしか卸さない幻のビールなのだ。酵母が生きたこのビールは非常に繊細。かつダイナミックな味わいは、酒好き大魔神の大将と女将さんのお眼鏡にかなったのも納得の味わいなのだ。

首都圏と愛知県の飲食店のみで飲むことができる「白穂乃香」。カツオと合う

ビールが少し残っているうちに前倒しの油物を。「穴蝦蛄《アナジャコ》のから揚げ」をお願いしたところ、大将が素材を見せてくれた。

初めて実物を見る穴蝦蛄。なかなかのモンスターだ。まひ攻撃とか仕掛けてきそう。蝦蛄の名がついているが、分類学上は類縁の遠いエビ目のモンスター、もとい生物。これに片栗粉をまぶしてじっくり揚げる。

「尻尾のほうから食べるといいですよ」という大将の言葉に従ってそうすると、ほっくり

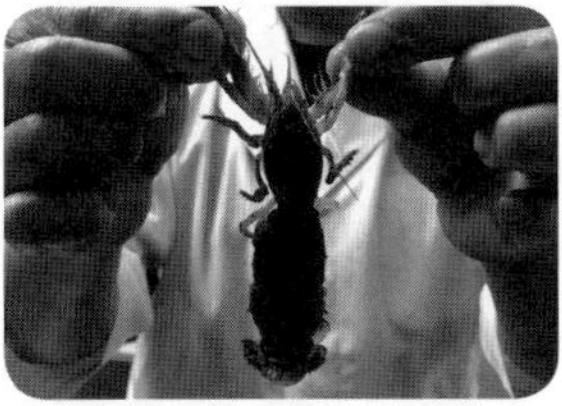
大将が見せてくれた素材の穴蝦蛄。珍しい食材とのことなので、あるかは要確認

ビールがまだ残っているうちに、油物は「穴蝦蛄のから揚げ」をチョイス

と甘い、いかにもおいしい海老という味わいとともに、一口目から濃厚なみその味わいが！

「みそがぐっーと身の下のほうまで入り込んでるんですよ」とのこと。確かに噛み切った断面に鮮やかなオレンジ色のみそがはっきり見える。そのみそも、いわゆる海老みそとは一味違う、どこかホヤを思わせるような清涼感のある磯の香りと濃厚なコク。

あえてベタに言うなら、これは世界最高の海老フライの一つ。今後の人生で、見かけたら絶対に食べるであろう新しい大好物が爆誕した瞬間だった。

ここで日本酒をお願いすることに。お任せでこの後の料理に合わせてもらう。出てきたお酒は「大信州　ヒカリサス」。キレのいい飲み口にほのかなフルーツの香り、先ほどより浮かれた感じで華やかなお酒だ。

　ちなみにこちらのお店、お酒と一緒に出してもらえる水もこちらの蔵元大信州の仕込み水なのだとか。


　そして、登場した料理が「太刀魚の塩焼き」。太刀魚というのは帯のように長くて薄い魚のはずなのだが、これは全然薄くない！　身の厚さが3㎝くらいあるものが登場した。もともとの魚体は両手を伸ばしたくらいあるんじゃないかという大物。

　上身はホクホクとしつつもしっとり。しっとりといっても水っぽいわけではなく、水のようなサラサラの脂が全体に行き渡っているような印象だ。とにかく淡泊なのに旨味が濃い。そして黒い皮膜に覆われた腹身。こちらがまたスゴくて、言うなれば「飲める脂でできた大トロ」といった趣。あれ？　太刀魚ってこんな魚だったっけ？　と混乱してしまった。

筆者が3杯目に選んだ「大信州　ヒカリサス」。上品でやわらかな口当たりだ

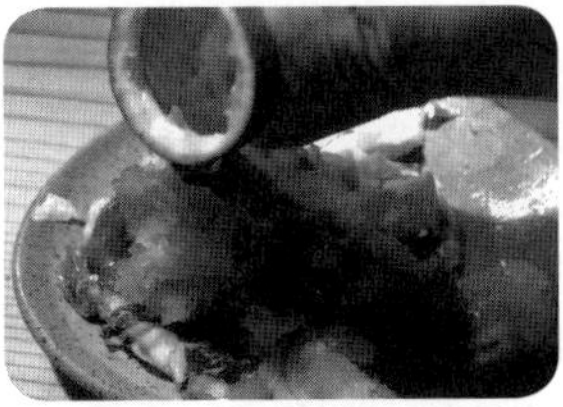

極上の脂をまとった太刀魚にすだちを搾り、大根おろしと食べる幸福感たるや

日本酒に合う焼き物として「太刀魚の塩焼き」を注文。身の厚さに圧倒される

ホクホクの上身は何もつけずに、トロトロの腹身には添えられた大根おろしをこんもりのせて、すだちもギュッと搾って、一口ごとにワンダーランド。そしてこの大根おろしそのものも抜群だ。アクだけ流して辛味は残す職人の技。このお店はこういうディテールがいちいちニクいのだ。

最後にもう一杯、とお願いしたところ大将がカウンターの中から「あれ、出してあげて」と言う。「あれ」で通じて出てきたのが「白菊　にごり酒　どろんどろん」。

「あたしはこれがいちばん好きでね」といつもは寡黙な大将が珍しく饒舌になった。

「これがあるといつまでも飲んじゃう」

発酵が進んでいると飲んでるそばからグラスの中で膨れてき

て減らないとか、実は燗でもイケる、など追加情報も満載で日本酒愛が止まらない。

いただくとその愛も納得の個性的な味わい。一般的なにごりのイメージとは異なる、甘さを感じさせないドライな口当たりときれいな酸味、舌にザラつく感じも心地よく、とろりと抵抗なく喉を滑り落ちていく。確かに後を引く味わいだ。ちなみにネーミングの「どろんどろん」は大将から蔵元さんへのご提案だったとのこと。愛が深いにもほどがある。

椀物もだが、ダシをたっぷり張った料理はやはり日本料理の花形。季節は限られるが「きんちゃく茄子と鱧の揚げだし」も絶品だった。

最後のお酒として選んだ「白菊 にごり酒 どろんどろん」は大将のお気に入り

料理の最後は、強肴《しいざかな》として季節限定の「きんちゃく茄子と鱧の揚げだし」を

鱧というとひたすら淡泊というイメージがあるが、ここのはしっとりと脂が乗った肉厚なもの。それが薄い衣に包まれてほっくりとしたおいしさに。きんちゃく茄子はとても身の締まった丸ナスで、揚げてもやわらかくなりすぎず、さっくりしたみずみずしさがある。もうどっちが主役かわからない。それらを、味つけはやさしいのにしっかりと濃い味わいのダシが受け止める、日本料理ならではの喜び。最後まで堪能させてくれる。

これまで紹介したのは「食べたいものを選んで組み立てる割烹料理のコース風のデッキ」。料理はいずれもたっぷりと量があり、すべて2人でシェアし、お酒もしこたまいた

筆者が取材前に訪れたときに食べた「新銀杏の翡翠揚げパルミジャーノ」

同じく取材前に訪れたときに食べた「柿の白和え」。旬の食材がおいしい

だいて一人8000円程度。こんな感じの楽しみ方が竹政の王道だと思うのだが、もうひとつの魅力が、その時季の旬の野菜を使ったちょっとした小鉢ものだ。取材より前の日にいただいた、鱧皮と胡瓜の酢の物、柿の白和え、新銀杏の翡翠《ひすい》揚げパルミジャーノをご紹介したい。

こういったさりげない（でも見えないところにしっかり手がかかった）酒肴が、500円前後の申し訳なくなるような値段でいつも並んでいる。気軽にふらっと寄って、こういうものをつまみながらの一杯、なんてのもまた格別。大将や女将さんは「ウチは仕入れの値段で決めてるだけですよ」と笑うが、それは言うほど簡単なことではない。

一見あたりまえのようであたりまえではない旬の小品から、仕入れ先との信頼関係なしには成り立たない超一級の食材、そ

同じく取材前に訪れたときに食べた「鱧皮と胡瓜の酢の物」。小鉢も充実

して技と経験が滲み出る板前仕事。そういったものを自在に楽しめて、食べるのが好きな人ほどその一皿一皿に興味が尽きないこと請け合い。さらにお酒好きな人ならば、それらがすべて「うまい酒を飲ませる」という共通のベクトルに向けて一貫しているのがまた痛快だ。私もぜひ季節ごとにお邪魔させていただきたいと思える名店。気が向いたときに気軽に立ち寄れるお店だが、おふたりで切り盛りされているお店なので、訪れる際は一度お電話などされることをオススメしたい。

※ぐるなび内「みんなのごはん。」に'20年9月に掲載された記事を加筆修正しています。

みんなのごはん
2

# 「推し語り」こそ食の楽しみである

◉ペペロッソ（池ノ上）

## ちょっと変わったイタリア郷土料理のお店

子どもの頃にお土産でもらった箱入りのお菓子についてきた「しおり」を読んだことがありますか。私の個人的なリサーチでは、「絶対読む」派と「あんなの誰が読むの？」派にくっきりと分かれている印象だ。私自身は、完全に前者なのだが、この記事はもしかしたら後者の方には全く響かないかもしれない。

しおりには、お菓子の名前の由来や歴史にまつわる物語、製造のこだわりが書かれていたり、時にはそこに謎のポエムが添えられたりしている。個人的には文字数が多ければ多いほどうれしいし、読めばそのお菓子を一層おいしく感じられるのだ。一方、読まない派に言わせれば、それを読もうが読むまいが味は変わらないわけだし、食べておいしければそれでいいじゃん、ということになる。

どちらが正解ということはないのだ。あえて言えば読まない派のほうが本質的で、読む派は情報に惑わされていると言えるかもしれない。ただ読む派は、その情報に踊らされる部分まで食の楽しみのひとつと捉えているのかもしれない。

前置きが長くなったが、ここではお菓子の話ではなく、イタリア料理の話をしたい。皆さん、イタリア料理は好きですか？きっと好きな方が多いはず！　私も大好きだ。しかし、ここでは皆さんがよく知っているようなイタリア料理はたぶん出てこない。ちょっと、というかだいぶ変わったイタリア郷土料理のお店、ペペロッソを紹介する。

どう変わっているのか。くどくどと説明するより、まずはこ

食前にちょっとしたワクワク感を提供してくれるオリジナルのショープレート

の日いただいた6800円のコースの前菜として出された料理の説明を、店の方の言葉そのままに書き起こしたものを見てもらうのがいいだろう。

ちなみにこの日テーブルを担当してもらったのは、ペペロッソのマネジャーでチーフソムリエの藤本智さん。日本を代表するイタリアワインソムリエの一人であり、界隈ではたいへん有名な方だ。

チーフソムリエの藤本智さん。その語りをぜひ聞きたくなる本当にスゴい人

「おふたりにご用意いたしました前菜の一品目は冷菜です。大ニジマスを使ったマリネなんですが、生産地の静岡では『富士山サーモン』とも呼ばれています。それを単にマリネをするのではなく、天然酵母と米麹を使って毎日焼いておりますパンを水に漬けておきますと、乳酸発酵が進み酸味が出てまいります。その上澄みを丁寧に濾してサーモンを漬け込み真空マリネします。熟成期間も

長く、マスの旨味がしっかりと出てまいります。そこに合わせましたのがサルサアルクレン、西洋ワサビにパンとミルクを合わせた白いソースですね、そこにマスの卵のアクセントやクルミオイルの香ばしさを加えました。料理全体のイメージとしては、北イタリアのフリウリ・ヴェネツィア・ジュリアという地域のマス料理をイメージしているんですが、そのあたりの地域は料理のあしらいにお花をよく使いますので、このお皿にもいろいろなエディブルフラワー、そして味わいのアクセントとしてクレソンを添えております」

書き起こしは多少端折ったが、この間1分30秒。とにかく圧倒的に情報が多すぎて大渋滞を起こしているが、よどみないセリフ回しが音楽のように心地よく、つい聞き惚れてしまう。そもそもの料理が聞いたこともない複雑怪奇な過程を経ているうえ、それをとりあえず隅々まで全部教えてくれる。そう、それがまさにこの店の魅力なのだ。

もちろん何も聞かされずバクバク食べても文句なしにうまい。なんかこのサーモンうめー、ほんのり酸味効いててうめー、ソースは食ったことない味だけどわさび漬けみたいな味でうめー、イクラのプチプチうめー、そんでお花きれい！　みたいな。でも、この説明があるとないでは全然意味が違ってきませんか？

前菜１品目の冷菜「大ニジマスのマリネ」。コースの最初を彩る華やかな一皿

個人的にいちばんぐっときたのは「お花」のくだり。この料理を出されてこのエディブルフラワーのあしらいが目に入ったとき、以前からのこのお店のファンである私は少し不思議に感じたのだ。硬派な店だと思ってたけど、昨今のインスタ映えみたいなのに合わせて、時にはこういうこともやっちゃうのかしら、みたいな。しかしそうした伏線すら、「フリウリ地方ならではの文化」っていう文脈で最後きっちり回収してくる。完全にしてやられた。

ソムリエ藤本さんの語り口は、ワインの説明になるとさらに勢いを増す。少し時計の針を巻き戻して、この日最初に出てきた食前酒の説明を書き起こす。

「まずご用意いたしましたのはこのバローネ・ピッツィーニという生産者が作る、シャンパーニュにも匹敵する高品質なワインが作られるフランチャコルタというエリア、ミラノから、どうでしょう、車で1時間半ほど北に行ったところにイタリアで2番目に大きいマッジョーレ湖という湖があり、もともと氷河がブルドーザーのように大地を削って造った湖で、そのときにできた丘ですね。そこでシャルドネとかピノノワールといったブドウを使って高品質な泡立ちの辛口スパークリングワインを作るエリアだと思っていただければ。1800年代から続く生産者なんですけど1990年代に今のオーナーに代替わりして、今のオーナーは元々ミシュランでも二つ星のアンティカオステリアデルポンテというところのソムリエをされていた方が、今そこで造っているワインということです。シャルドネ、ピノノワール、ピノビアンコ、3つのブドウをうまくブレンドして複雑ながらシャンパーニュのように果実味はスレンダー

スパークリングワイン「バローネ・ピッツィーニ フランチャコルタ」で乾杯

で酸はキリっとして下支えのミネラルとクリーミーな泡立ちが楽しめる辛口のスプマンテになっています。イタリアワインの特徴とも思われがちな果実風味のボリュームは微塵も感じさせない非常に洗練されたスパークリングワインを、まずはお試しください」

これを1分30秒で語りきるのだ。2回くらいしか息継ぎはしてないのでは、と思える怒濤の勢い。

今度は固有名詞の大渋滞で情報処理が追いつかず、途中からは半ば心地よいBGMのように流し聴きしていた私の脳内では、ダイダラボッチのような巨人のピッツィーニさんが氷河を削ってそこに3種類のブドウを植えている、浜乙女のCMイタリア版みたいなイメージに転換されてしまったが、解釈としてはだいたい合っていたのではないか（合ってない）。

何かに特別以上の思い入れのある人の過剰な語りが大好物な私だが、ジャンルを問わず何かしらのオタク気質を持っている人ならきっと共感してもらえるのではないだろうか。

料理一品とワインだけでもはや紙数が尽きそうなので、あとは駆け足でこの日の料理を紹介する。

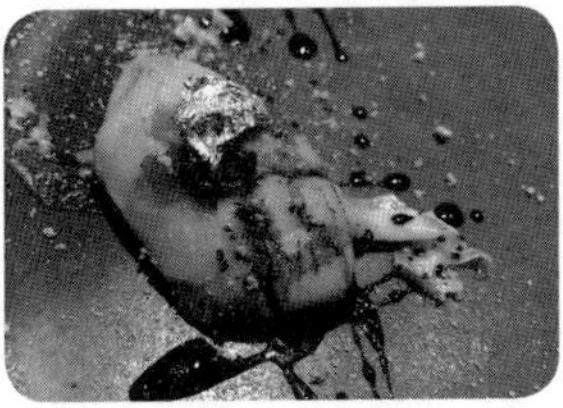

カボチャの温前菜。金箔があしらわれ、見た目にも味わい深い一皿に

アミューズの一品。そのままで、ソースと合わせて、と楽しみ方は無限大

まずはアミューズ。左から、本シメジ、なめこ、黒舞茸の滑らかなスープにマスカルポーネのソースを合わせたもの。ほぼきのこそのまま、という味わいなのだが、それぞれ全く個性が違うことに否が応でも気づかされる。そしていずれも濃密な旨味。

先ほどのマスの前菜を挟んで温前菜は、デザートのようなカボチャの料理。イタリア産のカボチャを焼いたり漉したり練ったりと、いくつもの工程を経て水分を徹底的に飛ばしていき、濃縮ブドウのソースや豚の背脂などをあしらったもの。ちなみにこの料理は要素が複雑すぎて、「中世貴族が富を誇るための甘い味付け」の話から始まるその説明は3分を超えた。

パスタ1皿目は、ポー川流域の稲作地帯で田んぼのカエルを使って作られるリゾットの米の部分を、米粒型のパスタ「リゾーニ」に置き換えたもの。チーズやバターの控え加減が絶妙だ。

シャコときのこのパスタ。コースでは、パスタは2種類が提供される

米粒型のパスタ「リゾーニ」を使用したリゾット。見た目はまさに米料理

パスタ2皿目はシャコときのこ。シャコが海老に替われば一見、今回の料理では最も日本人にとってのイタリア料理のイメージに近い……と思いきや、食べるとハーブと甘唐辛子がガン決まりで思わずニッコリ。天然きのことともに送られてきたヒノキの葉もハーブ的に使われている。

肉は羊を瞬燻で仕上げる。イタリアからは検疫の関係で羊が輸入できず、いちばん近い国境近くのフランス産とのこと。オーソドックスな一品でありつつ、定番の骨付きのラムラックではなくモモ肉とスネ肉の盛合せ、ってところが「らしい」。

デザートはトスカーナの栗の粉を使ったネッチというクレープにハーブリキュールのクリームと隣にはサボテンジェラート。最後まで気を抜けないコースなのだ。

ワインは各料理に合わせて少量ずつペアリングされる。あえ

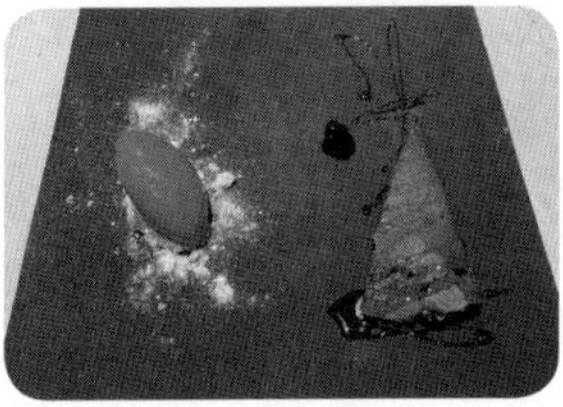
ネッチとサボテンジェラート。ジェラートはスイカのような甘みがある

このときの肉は羊肉だったが、豚形の入れ物で仕上げる瞬間を見せてくれた

てよくあるタイプから外したワインが中心で、飲むと最初は少し戸惑ったりもするが、料理と合わせた瞬間、腑に落ちるという周到なアプローチだ。

シェフの今井和正さんは修業時代からイタリアの地方料理一筋。「現代のイタリア料理は『おいしさ』という点では既にほぼ頂上まで到達しているので、味以上に大事なのが『自分たちは何であるか』なのです」と語ってくれた。アイデンティティということだ。それがこの店の地方料理。「伝統料理とは昔から常に変革し続けてきたものでもあるから、単に昔どおりにではなく、そうした変革の先端を目指したい」とも。

「日本でこういう料理を出すことの難しさは？」と尋ねると、ニヤリと笑って「日本人の舌に合わない点、ですかね」とうそぶく。ただしこれはある種の自虐ギャグみたいなものだ。実際のところ、この店の料理に食べづらさみたいなものは一切ない。

ただしそれには、日本における一般的なイタリア料理のイメージを一度完全に払拭して臨むという前提が必要になる。その切り替えができないと、確かに口に合わないと感じる可能性があるだろう。

イタリア料理が好きな人、ワインが好きな人、食べたことのない料理を食べたい人、オタクの推し語りが好きな人、お菓子のしおりを必ず読むタイプの人、このうちの3つ以上に当てはまる方には全力でオススメしたいお店である。

※ぐるなび内「みんなのごはん。」に'21年2月に掲載された記事を加筆修正しています。

イタリア・モリーゼ州の赤ワイン「クラウディオ・チプレッシ マッキアロッサ」

総料理長の今井和正さん（写真右）。CPA認定チーズプロフェッショナルを有する

みんなのごはん
3

# あんかけスパはB級グルメなのか？

◉スパゲッティ・ハウス ヨコイ（名古屋）

## 東海地区の不思議なローカルグルメ

極太のスパゲッティをトマトベースのスパイシーなソースで食べる、東海地区の不思議な洋食系ローカルグルメ「あんかけスパ」。一時期の名古屋めしブームやB級グルメをきっかけに全国的にも知られるようになった、このあんかけスパの本当のスゴさとはなんなのか。まずは、あんかけスパにまつわる数々の「誤解」をとくところから始めたい。実際に味わう前に知っておきたい、地元民も知らないあんかけスパの真実を！

あんかけスパは脂ギトギトで濃い味のジャンキーな食べ物と認知されがちだ。それは本当なのか？　たしかにあんかけスパにおいてラードの風味は欠かせない要素であり、味の要であるソースはトマトの酸味や黒胡椒のスパイシーさが際立っている。

しかし「油脂と味の濃さ」だけをもって「ジャンク」と決めつけるなら、クラシックなフレンチも四川料理も北インド宮廷料理もすべてジャンクということになる。

実はあんかけスパのソースは、古い西洋料理の技術を受け継いだものなのだ。香味野菜、トマト、牛肉などの旨味を長時間かけてじっくり抽出したものがその味の正体。いわば老舗洋食店秘伝のデミグラスソースにも比肩しうるもの。「あんかけ」という庶民的すぎるネーミングに引きずられることなくそれをじっくりと真剣に味わうことで、あなたはきっとその真価に気づくはずだ。

## あんかけスパはイタリアンのパスタとは無関係の創作料理なのか？

あんかけスパの麺は、あらかじめソフト麺のようにやわらかく茹でおかれたものが脂で炒められている、と説明されることが少なくない。しかし実際にそういうやわらかい麺を提供する店が皆無とは言わないまでもごくごく少数だ。実際は、直径2㎜を超える極太のスパゲッティがまずはかなり硬めに下茹でされる。その状態ではアルデンテどころではない硬さだ。それをしばらく寝かせて、水分が均等に行き渡った状態のものを、ラードでコンフィのようにしっかり再加熱されたものがあんかけスパの麺。この工程により、パツパツとした歯切れの良さ重視のアルデンテでも、生パスタやうどんのようなニチッとした食感でもない、ブリッとした最初の歯応えからもっちりとした噛み心地に続く独特の食感と、ソースとの絡みが抜群な表面のテクスチャー、そして香ばしさが生まれるのだ。

あんかけスパのルーツをさかのぼると最後に高級ホテルなどのフレンチレストランで提供されていたイタリア風料理にたどり着く。それがさらに日本人シェフによって改良されたものがあんかけスパ。そういう意味では確かに本場イタリアとの直接的なつながりはないと言えるかもしれない。

しかし、実はイタリアのパスタも時代により大きく変遷している。かつてイタリアのスパゲッティは今よりずっと太いものだった。茹でるのに時間がかかるため、あらかじめ茹でおかれるのが普通。またオリーブオイルの工業的な搾油技術が確立する前は、むしろラードがよく使われていた。また家庭においては特に、肉をトマトや香味野菜で煮たときの残り汁がソースとしてしばしば転用された。こういった昔のイタリアにおけるスパゲッティの姿は、現在のあんかけスパと奇妙な付合を見せている。

## あんかけスパを代表するメニューは「ミラカン」なのか

あんかけスパの上に、玉ねぎ、ピーマン、マッシュルームなどの野菜とソーセージ、ハム、ベーコンの細切りを炒めてトッピングされたものが「ミラカン」。現在のあんかけスパを代表するものとみなされているメニューだ。かつては数あるメニューの一つにすぎなかったこのミラカンが、なぜ、いつの間にかこんなにもクローズアップされることになったのか。理由はいくつか考えられるが、その最も大きな理由の一つがスパゲッティナポリタンとの類似性ではないかと考える。

1990年代、一時は本格パスタに押されて衰退の一途をたどったあんかけスパはその後「ローカルなB級グルメ」として奇跡の復活を果たす。この過程において「赤ウインナー」が具の主役であるミラカンはそのキッチュな魅力で大きな貢献を果たす。

しかし、単なるB級グルメではなく古き良き西洋料理の末裔としてあんかけスパをとらえたときに、個人的にはミラカンが最良の選択とは思えないのも正直なところだ。正統派のあんかけスパ店には、伝統的かつ高品質な洋食メニューがトッピングとして目立たずひっそり用意されているのだ。それを見つけ出すのはあんかけスパにおける大きな楽しみでもある。

そんなあんかけスパの名品を、名古屋駅からアクセスのいい名店で味わえる。今に至る主流のあんかけスパのレシピを最初に考案した横井博シェフが、そのレシピを引っさげて１９６３年にオープンさせたのが「スパゲッティ・ハウス ヨコイ」だ。その最新店舗が名古屋駅直結のＫＩＴＴＥ名古屋地下にある。歴史ある本店のおいしさをそのまま受け継ぐだけでなく、そのソースや麺のクオリティの安定感は本店にも負けない見事さ。

この店で私がいつもオーダーするのは「ミートボール」という、肉厚のハンバーグが３個と、さらに目玉焼きがのったワクワクするようなメニューだ。

現在ヨコイ全店を取り仕切る「三代目」横井慎也さんによると、このメニューは豚肉の黄金焼きをトッピングした「ピカタ」と並び、常連さんに人気のメニューとのこと。観光客や慣れていないお客さんはやはり有名な「ミラカン」を選ぶことが多いようだが、昔からのお客さんには「これしか頼まない」という方も多いという。このハンバーグはそれも納得の逸品なのだ。単なるトッピングの域をはるかに越えている。合挽き肉をねっちりと練り上げたこのハンバーグは、最近主流のふわふわ肉汁系とは一線を画した、それ自体が肉々しい旨味と心地いい弾力のクラシック洋食スタイル。ナツメグの高貴な風味もたまらない。

私はいつも、まずは麺には手をつけず、このハンバーグ単体にスパイシーなあんかけソースを少し絡めていただく。肉とソテーオニオンの甘さ、そしてナツメグの風味がぎゅっと詰まったハンバーグと、野菜と黒胡椒の味わいが凝縮したソースの組み合わせは、その時点で完璧なマリアージュ。思わずビールが進む。創始者の横井博シェフは、名古屋トップクラスの国際ホテル（旧丸栄ホテル）などを経た筋金入りの洋食シェフ。その技術とこだわりが今も脈々と受け継がれていることが、この時点で明瞭だ。

現在、スパゲッティ・ハウス ヨコイ全店を取り仕切る「三代目」横井慎也さん

そして麺。日本最古のパスタブランドである「ボルカノ」による特注麺は、デュラムセモリナと強力粉がブレンドされたもの。標準茹で時間は16分のところを12分で硬茹でされた麺は90～120分程度寝かされた後、フライパンで炒められる。最初はたっぷりのラードでコンフィのようにゆっくりと加熱された後、一度、脂を切ってチンチコチン（注：名古屋弁で「熱々」の意）に焼き付けられることで、「逆アルデンテ」ともいうべき独特の食感と香ばしさをまとうのだ。あんかけスパを食べるときは、ぜひ麺の一部はソースなしで食べてほしい。ラードの香ばしい風味が香るモチモチの麺は、もはやそれだけで料理として完全に成立しているおいしさなのだ。

そこまで味わったら、次はいよいよその麺をあんかけスパの魂であるソースにたっぷり絡ませる。あんかけスパのソースは往々にしてその辛さや味の濃さで語られがちだが、それはあくまで表面的なもの。その土台となるソースのベースは各種の野菜と牛肉を2日がかりでじっくり火入れした後、なんと1週間熟成させて初めて完成する。この1週間で肉と野菜の旨味がさらに一体感を増して凝縮するとともに、黒胡椒の刺激的な辛味はいったん落ち着き、奥深い風味を醸し始めるのだ。ヨコイのソースにたっぷり使われる黒胡椒が、単に刺激的なだけでなく奥深い旨味に「化けて」いることが、私は昔から不思議だったが、

筆者が店を訪れるたびに注文してしまうという「ミートボール」

それはこの熟成期間に秘密があるのだろう。

あとは無我夢中で喰らうのみ。そのときには目玉焼きも名脇役として素晴らしい働きをする。目玉焼きのトロッとした黄身を崩すと、これもまたなるべくソースを絡めず麺だけで食べてほしい。このとき、さらにオススメしたいのが、別皿で供される「粉チーズ」の追加トッピングだ。すなわち「スパゲッティ・ポヴォレッロ」が皿の上で完成する名古屋版。よけたはずのソースが麺の端に少し絡まってくるのがかえってうれしい、あんかけスパならではの楽しみだ。

粉チーズは有料だが、一般的な紙筒に入った乾燥パルメザンとはやはり段違いのおいしさ。もちろんハンバーグとの相性も抜群。日本人なら誰もが憧れたことのある『カリオストロの城』のミートボールスパゲッティの気分を味わいたい方もぜひ！

あんかけスパのソースは「濃すぎる」と評されることもあり、それがもしかしてあんかけスパはB級ジャンクフードであるという誤解につながっているのかもしれない。しかし、いきなり全部を混ぜて均一な味にしてしまうのではなく、こんな感じでメリハリをつけながら楽しむとその味わいは何倍にもなる。麺だけ、ソースたっぷり、ソースちょびっと、トッピングと合わせて、すべてをミックスして、そんな感じで珠玉のソースを自由自在に運用していくのがあんかけスパをMAX楽しむコツだろう。同じような楽しみ方は「ミートボール」と並ぶ常連さん人気メニュー「ピカタ」でも可能だ。

そうやってあんかけスパと真剣に向き合うと、そこには一人の天才シェフの並々ならぬこだわりと、それを受け継いだ職人たちの矜持に満ちた「もう一つの日本洋食」としてのあんかけスパの本当のスゴさがあなたの前に現れるはずだ。

※ぐるなび内「みんなのごはん。」に'21年6月に掲載された記事を加筆修正しています。

みんなのごはん
4

# 新時代を切り開き続ける名店

◉スパゲッティハウス チャオ（名古屋）

## ハンバーグメインのファミレス出店計画を方針転換した理由

スパゲッティハウス チャオはあんかけスパ業界では珍しく、早い時期から積極的な多店舗展開を進めてきたお店だ。計算され尽くした完成度の高い味わいが幅広い層に人気。マイルドでクセのない味わいが「初心者向き」ともよく言われるが、同時にそれは「肉と野菜とトマトの旨味が凝縮したソースをラードの香ばしさをまとった麺とともに味わう」というあんかけスパの本質ともいうべき要素を、極めて精度高くミニマルに表現していることから、マニアが最後にたどり着く到達点の一つというのが私の認識だ。キャッチーなカジュアルさと「いぶし銀」の魅力を兼ね備えた押しも押されもせぬ名店と言える。

チャオの創業は1979年。創業者の森田文二さん（現・会長）は、その前は父親の経営する金属加工メーカーで品質管理の仕事をしていた。森田さんは、あるとき当時同社の工場長であった兄から、「下請けではなく自分たちが主導権を握れる商売がしたい」との言葉を受け、社員3人で飲食部門の関連会社を立ち上げる。

最初に考えたのは〝ハンバーグがメインのファミリーレストラン〟だ。時はまさにファミリーレストランの勃興期。首都圏を中心に大手チェーンの出店が相次いだが、名古屋にはロイヤルホストが一軒あるだけ。これはチャンスと考えたのだ。

森田さん以下3人は行動を開始する。昼間は料理学校に通い、夜はそれぞれ別の飲食店でアルバイト。森田さんは、目的と身分を隠して、とある洋食レストランで働き始めた。しかし数か月を経たとき、森田さんはハンバーグレストランの計画を白紙に戻してしまう。

というのも事業計画を進めるなかで、スカイラークをはじめ大手チェーンは既に名古屋に事務所を構え、翌年以降の出店計画を次々に進めていることが判明したのだ。加えて名古屋最大の飲食グループも参入を表明。自分たちのような新参者はとてもじゃないがまともに戦えるわけがないと冷静に判断したのだ。

## 女性にも好まれる味を目指して

しかし、せっかくここまでやってきたのだから、と飲食店は諦めなかった。森田さんが目をつけたのがスパゲッティ。ちなみに当時はまだ「あんかけスパ」という名称はない。そして、そのあんかけスパ（のちに呼ばれることになるスパゲッティ）は最初の黄金期を迎えていた。現在でも老舗として続く名店の数々はこの当時にほぼ出揃っている。ただしライバルが多いといってもそれらは全て個人経営の小規模店。これなら戦えると森田さんは判断する。

そうと決まれば行動に移すのは早い。当時の人気店に足繁く通い始めたのだ。そのとき同行したのが、料理教室での恩師である鈴木洋子さん。のちにチャオのスタートアップメニューをすべて手がけることになるこの鈴木さんと、元来「食道楽」で「大食漢」を自認する森田さんは、あっという間に、とある人気店の味を研究し尽くして完コピした。ところが自信満々で開催した試食会はショッキングな結果に終わる。80人いた参加者の8割が

「これは辛すぎて食べられない」というのだ。このときの参加者は料理教室に通う若い女性たち。森田さんにとって完璧だったソースの味は彼女たちにはまったく響かなかったのだ。

森田さんたちは即座にレシピの改良に取りかかる。そのためらいのなさには、大きな理由があった。森田さんが既存のスパゲッティ店を視察するうちに気がついた最大の弱点、それは「女性客があまりにも少ない」ということ。森田さんは最初から、女性客を呼び込めばこの市場で勝てる、と確信していた。

女性にも好まれる味を創案し、店舗デザインも明るくおしゃれに。そんな新店チャオはその後、順調にファンを獲得していくことになる。

## あんかけスパ調理における革命的な2つの発明

創業から間もない時期に、森田さんはあんかけスパの調理法において革命的な発明を2つ成し遂げる。

一つはソース作りの工程。あんかけスパの「ソースの素」の一般的な工程は、野菜やトマトのピューレと牛肉を鍋ごと丸一日オーブンで煮込むのだが、この方法ではどうしても店により、また日によっても仕上がりがバラつく。そこで森田さんは新たな方法を考案。当時の規模としては過剰ともいえる資金を投資して特注の巨大な回転釜を導入、全店分の「ソースの素」をここで一括して仕込むことにしたのだ。

大釜は「消える寸前くらいの弱火」で丸一日かけてゆっくりと火入れが進行する。このことで、「トマトをオーブンで煮込む場合には避けられない苦味の発生が抑えられた」と森田さんは話す。もっともこの苦味はソースに独特のコクを出すという面もあるのだが、チャオのソースは煮込む前段階で玉ねぎを、「アメ色」を超えたさらに限界までソテーすることでそのコクを出している。野菜の自然な甘味とトマトのフレッシュ感が同居するチャオのソースの繊細な味わいは、いってみればこの時点で完成したと言えるだろう。

もう一つの発明は独特な麺の調理法。あんかけスパでは硬く茹でたスパゲッティを、フライパンを使いラードで炒めて調理する。忙しいお店のピークタイムともなると、ひと抱えもある大きなフライパンをダイナミックに煽って何人前ものスパゲッティを一度に炒める職人さんの姿を目にする。ところがこれが熟練の技術を要するうえに重労働。職人さんは必ずと言っていいほど手首に腱鞘炎を起こすという。

この麺炒めは大きく2つの段階に分かれる。前半は麺に対してたっぷりひたひたの量のラードでゆっくり温度を上げていき、麺が中心までしっかり温まったらラードを切って高温で鍋肌に焼き付けるように炒める。森田さんはこの前半の工程を低温フライヤーに置き換えることを思いついた。低温フライヤーで1人前ずつ温めた麺を1人前ずつフライパンで仕上げるこの方法により体力的な負担が減って力のない女性でも調理が可能になった。さらに、麺の仕上がりの品質も抜群に安定することになる。

森田さんは初めて飲食業界に足を踏み入れたとき「なんてアナログな業界なのか」と驚いたそうだ。いかにも理系出の技術者らしい感覚。そして森田さんは、それまで職人の技術と勘に頼って運営されていたスパゲッティの世界に次々に新技術を導入して効率化と標準化を図っていく。普通ならこういった効率化はややもすると品質を多少犠牲にして進めてしまうことが多いが、チャオがすごいのは品質を損ねるどころか逆に向上させ、そしてそのすべてがオリジナルの味わいを生み出すことにつながっていった点ではないだろうか。

チャオのソースや麺が常にどこよりも安定したクオリティを保っていることは、こういった一連の話を伺う前から感じていたことだった。ソースの味は人それぞれに好みがあるので一概には言えないが、麺のクオリティという点では業界でも屈指といっていいのではないかと思う。

チャオの麺は麺そのものに比較的しっかりと味がつけられている。ソースなしでも抜群においしい。味つけの秘密を聞くと、実は塩。そのかわりその塩はイタリアンのパスタ同様、茹で湯にかなりしっかりとした量の塩を効かせ、後から炒めるときに塩を振ったりはしないそう。そのことで塩味はマイルドでこなれたものとなり、麺そのものの旨味が増す。そして、この方法にはもうひとつの大きな意味がある。炒めるときに感覚で塩を振るとどうしても作り手によるブレが生じる。しかし茹でるときの塩分濃度さえしっかり守ればそれは必ず安定する。これもまた標準化と品質向上を同時に実現する森田メソッドである。

## まず麺だけを食すのはチャオの麺が常に完璧だから

私はあんかけスパのお店では、まずは麺だけをソースがなるべく絡まないように味わう。この食べ方はいつだって麺が「パーフェクト」なチャオでは特にオススメ。時には麺ばかり食べすぎて最後にソースが完全に余ってしまうこともあるので、最初から「ソース少なめ」でオーダーすることもたびたびだ。あんかけ上級者の方はぜひやってみてほしい。

これが「カントリーレギュラーサイズ、コートレットトッピング」だ

そんな私がチャオでぜひ食べていただきたいメニューが2つ。それは野菜ソテーがトッピングされた「カントリー」と、ポークカツレツがのった「コートレット」。この日はせっかくなので、両方いっぺんに楽しむことに。つまり「カントリーのレギュラーサイズ、コートレットトッピング」をオーダーしたわけだ。カツレツ単体にしっかりとソースを絡めたかったので、ソースの量はデフォルトで。ちなみにコートレット単品のカツレツには本来はコーンもトッピングされているのだが、写真はトッピングで頼んだコートレットなので、コーンはのっていない。

カントリーはあんかけスパ屋さんの定番メ

カツレツには肩ロースを使用。これがあんかけスパゲッティとの相性抜群なのだ

チャオならではの特徴でもあるタケノコと生トマト。味がぐっと豊かなものに

ニューで、通常は玉ねぎ・ピーマン・マッシュルームをソテーしたものがのっている。ここにウインナーやハムなどが加わると「ミラカン」になるわけだが、カントリーは野菜のみ。そしてチャオならではの特徴はそこにタケノコと生トマトが加わっていること。この2つが加わるだけで味も食感もぐっと豊かになる。

この具だけを麺に絡めてソースなしで食べるのも最高。素材感を生かし切った、まさに滋味深い味わいはチャオの真骨頂だ。あんかけスパという洋食にタケノコ、というのは少し奇異に感じられるかもしれないが、例えば東京などでもいくつかの老舗洋食店ではハヤシライスにタケノコを加えていたり、根室のご当地洋食である「エスカロップ」には必ずタケノコが使われたりと、実は「洋食にタケノコ」は伝統的な組み合わせである。

カツレツはやや薄めの豚肉が細かいパン粉を薄くまとってクリスピーに揚げられた、いかにも洋食屋といった風情。アセゾネ、つまり塩と胡椒でしっかりと下味をつけられているのが「とんかつ」とは異なる洋食屋のカツレツであることを主張している。あんかけソースとの相性は言わずもがなだが、ここにさらに備え付け粉チーズを振るのが私のおすすめ。まさにミラノ風カツレツの洋食屋版と言ったところで、これだけで堂々とメインを張る一品になる。

このカツレツにも大きな特徴がある。それが使用されている豚肉の部位。とんかつで一般的なロースやヒレではなく、肩ロースが使われている。肩ロースは脂身が複雑にまんべんなく入り込んでおり、脂好きにはたまらない。肉質はやや硬いが、薄めの肉をクリスピーに揚げるこの店のやりかたにむしろ適していて、サクッとした歯応えと濃い旨味が楽しめる。森田さんいわく「ロースではあっさりしすぎてソースに負けちゃうんですよ」とのこと。肩ロースはカツとして形よく切り出すのが難しい部位でもあるが、そこは絶対に譲らない頑固さがうれしいところだ。

## あんかけスパの歴史を築き、新時代を切り拓くお店

1990年代はあんかけスパにとって「冬の時代」だった。イタリア風のパスタが瞬く

間に普及していくなかで、それは時代遅れの滑稽な料理とすら見なされた。女性や若者はますます寄りつかなくなっていく。よくいえばシックな古き良きレストラン調の内装もその多くは単に古ぼけただけになってしまい、洋食業界につきものの後継者問題もあって多くの店が閉店していった。そんな中で例外的に明るく開放的なチャオ各店は、女性を含めて幅広い客層を取り込んでいる点である種の特異だった。

しかしその後、あんかけスパは「名古屋めしブーム」をきっかけに徐々に復権を果たす。イタリアのパスタとは別物の個性的なローカルフードとして復活していったのだ。そんななか、新しくできる店はどこも、チャオに倣うかのように明るくカジュアルなカフェ風の店作りを目指した。老舗が改装するときも同じ。現代ではもはやシックなレストラン調の店を探すのは困難だ。

こうした一連の流れのなかでチャオが果たした功績はあまりにも大きい、そう私は感じている。そしてこれからも「あんかけスパの新時代」を切り拓いていくに違いないと確信している。

※ぐるなび内「みんなのごはん。」に'21年6月に掲載された記事を加筆修正しています。

COLUMN

# 「夜のインド料理店」の本当の楽しみ

◉カーン・ケバブ・ビリヤニ（銀座）

## インド料理店はカレー屋ではない

皆さんはインド料理といえば何を思い浮かべますか？　なんて質問するまでもなく、インド料理といえば誰もがまずカレーが思い浮かべるだろう。

「インド料理店＝カレーを食べに行くところ＝カレー屋さん」というのが、一般的な認識だ。そして日本人はみんなカレーが好き。そして外食のカレーは昼に食べることが圧倒的。インドカレーも例外ではなく、どこのお店も、昼はお客さんでいっぱいだが夜はガラガラ、という

ことが多いように思う。しかし、ここであえて主張したい。

「インド料理店には夜に行け！」

「え〜」という声が聞こえてきそうだ。「夜にカレーはちょっと……。せっかく外食するならイタリアンとかフレンチ、焼き肉とか居酒屋がいいなぁ」

そうした意見もわからないではない。しかしここであえてもう一つ主張したいことがある。

「インド料理店＝カレー屋ではない！」

どういうことか。実は夜のインド料理店は、居酒屋やイタリアンにも負けない料理コンテンツの宝庫なのだが、日本ではインド料理＝カレーのイメージが強すぎてそれに気づいていない人が圧倒的。これはもったいない！　というわけで、ここでは「夜のインド料理店」の楽しみ方の一例をプレゼンしていこうと思う。

このコラムでご紹介するのは銀座博品館の6階にあるインド料理店「カーン・ケバブ・ビリヤニ」さん。カーンは社長さんのお名前。写真の左の方である。

社長さん自身が料理人で「スパイスに関することはなんでもお手のもの」とのこと。なんとも頼もしい！ そして店名の中に「ケバブ」と「ビリヤニ」。推し料理はカレーよりもこの2つということだ。

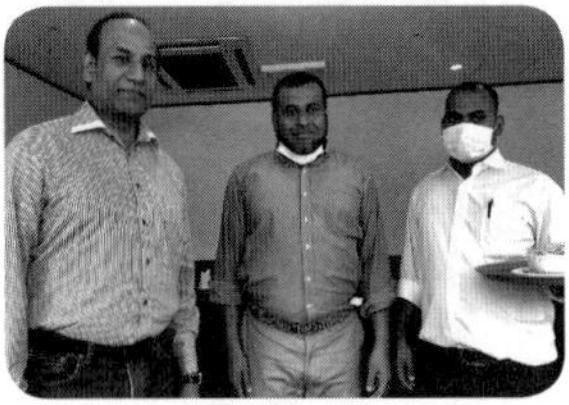

「カーン ケバブ＆ビリヤニ」のスタッフの皆さん。カーン社長は写真の左

インド料理でケバブとは、タンドール窯などを使って焼くスパイシーなグリル料理の総称。有名な「タンドリーチキン」はこのバリエーションの一つということになる。今回はこのケバブを中心にメニューを組んでいこう。

もう一つの推しが「ビリヤニ」。インドの長粒米とお肉をスパイスで炊き込んだ豪華な炊き込みごはんの一種である。

こちらのお店のビリヤニ、店名に冠するだけあって絶品なのだが、今回はあえて起用を見送る。なぜならビリヤニはとても

このお店の推しの一つである「ビリヤニ」。インドではポピュラーな炊き込みごはん

ボリュームがあってそれだけでお腹いっぱいになってしまうので。そしてこのビリヤニはランチメニューでも食べることができるので、また次の機会にするとしよう。ビリヤニを外す代わりに、前菜をしっかり楽しみ、ケバブで盛り上げ、その後少しはカレーも食べ、デザートで締めようという魂胆だ。メンバーはこの日のためにしっかりお腹をすかせて臨んだ食いしん坊の男2人。インド料理は1皿のボリュームがしっかりあるので2人でシェアしながら進めていく。

ナプキンが飾られた席のセッティングでいきなりテンションが上がる。安くてボリュームたっぷりの料理がこんなにビシッとしたレストランの雰囲気で優雅に楽しめるのも、夜のインド料理店の魅力の一つである。本当なら男2人ではなくデートで楽しみたいところだが、ないものねだりは身を滅ぼすのでその気持ちはそっと心にしまっておくとしよう。

## 【冷前菜】スターターの「ライタ」は少し残しておく

ライタとは、簡単に言うと「スプーンで食べるヨーグルトサラダ」である。塩とクミンなどのスパイスで軽く味つけされたヨーグルトにトマト、キュウリ、玉ねぎなどの細かくカットされた野菜が入っている。上品なタルタルソースという趣のあるヘルシーな前菜はスターターにぴったりなのだが、ライタはあえてここではすべて食べきらず、少し残しておくのがコツ。この後に続くスパイスの波状攻撃の合間に口内リセット要員としていい仕事をしてくれるはずだ。

優雅さを引き立てるテーブルセッティング。気持ちを高める演出も大事な要素

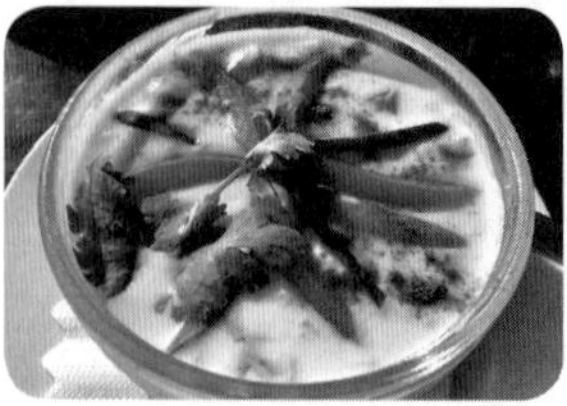

ライタは、ビリヤニの付け合わせとしても知られる定番のヨーグルトサラダだ

## 【温前菜】繊細で豪快、「マッシュルームサグパコラ」がビールに合う

大きなマッシュルームの間に鮮やかな緑のほうれん草、そして赤く色つけされた衣。ランチタイムのカレープレートではまず見られない優美な世界がここにある。

衣が小麦粉ではなくひよこ豆の粉というのがインド式フリッター「パコラ」の特徴で、これだけ厚くても油っぽさはなく、衣自体に香ばしいだけではない滋味深い味わいがある。その衣の中でジューシーに蒸されたマッシュルームとほんのりスパイスが香る刻みほうれん草。繊細さと豪快さが同居する一品である。

インド料理の前菜は揚げ物が大きなポイントを占めている。ビール派の私としてはこれがたいへんうれしい。ビールに揚げ物、しかもそこにスパイスが効いているなんて、もは

「マッシュルームサグパコラ」。パコラはインド式フリッターのこと

飲んだビールは「タージマハルビール」と「キングフィッシャー」

やこの段階で天国ではないか！　今日はインドビールとともにいただくとしよう。インドビールは基本スッキリ系が多く、スパイスを洗い流しながらまた次のスパイスを迎え撃つ、そんな楽しみ方ができる。

**【グリル1品目】「ハリヤリチキンティッカ」はインド本来の複雑で立体的な味つけ**

ケバブ系のメニューは、チキン、マトン、カジキマグロなどがある

こちらのお店の推しであるケバブ系のメニュー、これだけ並ぶなかから選ぶのはたいへんで、うれしい悲鳴だ。が、今回はまず私がこの店で個人的にいちばん好きな料理のひとつをチョイス。それがこのハリヤリチキンティッカである。チキンをミント、パクチー、スパイスなどで漬け込んでタンドール窯で焼いた料理。

ハリヤリチキンティッカはインド料理店の定番メニューの一つなのだが、残念ながら日本ではハーブの代わりにほうれん草ペースト

ハリヤリチキンティッカ。鶏肉をミント、コリアンダー、スパイスで漬けて焼く

が使われるレシピが定番化している。なのでこちらのお店のようにミントもパクチーもガンガンに効かせる本来のスタイルがとても貴重なのだ。パクチーのペーストはタンドールでしっかり火も入れることで青臭い刺激が飛び、甘美な芳香だけを残している。そこにミントの爽やかさとスパイスの底味。複雑で立体的な味わいに陶然となる。

## 【グリル2品目】世界水準の「タンドリーチキン」の旨味

グリルのもう一品を何にするか、ハゲ上がるほど悩んだ。羊肉もいいし野菜系も捨てがたい……。しかし今回は初のプレゼンである

タンドリーチキンは、スパイス入りのヨーグルトとバターソースに着け込んである

という点も考慮しつつ、あえてのド定番に。
ああタンドリーチキンか、と思われるかもしれないが、こちらのタンドリーチキンは一味も二味も違う。タンドリーチキンというとインド料理店のランチのプレートにもよくおまけ的に乗っかってくる硬くてパサつき気味のやつとか、インドとは関係ない店でなぜか出てくるカレー味の焼き鳥みたいなやつを思い浮かべるかもしれないが、これはまったくの別物。
チキンは旨味を湛えたまましっとりとやわらかく、骨の際まで複雑なスパイスが浸透している。ヨーグルトとレモン汁でしっかり酸味を効かせて漬け込まれているのも特徴。そしてタンドール窯ならではの炭焼きの芳香。このタンドリーチキンを食べれば、タンドリーチキンという料理がなぜ世界各地で知られる人気料理なのかがはっきりとわかるのではないだろうか。

そして僕はここでワインに切り替えだ。このどっしりとしたチキンとスパイスの旨味を、しかと受け止めよ、赤ワイン！

この店のワイン。もちろんインド産のものもあれば、フランス産なども用意いる

## 【カレー】インドカレーの神髄ここにあり！「ベイガンバルタ」と「ロティ」

ここまででかなり満足なのだが、折角なのでカレーもお迎えすることにしよう。

インド料理店のカレーというと、なんとなく誰もが「バターチキン」などのチキン系やキーマカレー、あるいはインドカレーが少し好きになり始めた人ならマトンカレーあたりをチョイスしがちだが、夜にならそのあたりは無視しよう。なぜなら夜のインド料理店には昼には食べられないスペシャルなカレーがたくさん登場するからだ。

特にオススメしたいのは野菜系のカレー。極論すればインドカレーの神髄はベジ（菜食）カレーにあり！　チキンカレーやマトンカレーがおいしいのは当たり前。野菜だけの

「ベイガルバルタ」（写真右）と「ロティ」（写真左）。二つの相性はまさに抜群

カレーと聞くと「物足りない味なのでは」と心配になってしまうのが日本人の感情かもしれないが、こちらのようなお店であればそんなことは絶対にない。そう言い切ろう。スパイスの力をもってすれば野菜だけでこんな圧倒的な満足感が創出されるのか！　というミラクルがそこにはあるのだ。

今回はそのミラクルがとても伝わりやすいカレーとして、焼きナスを刻んで玉ねぎやトマトとともに仕上げた「ベイガンバルタ」をチョイスした。こちらのベイガンバルタにはそこに揚げたナスまで加わってさらにゴージャス。そして野菜だけなのにすごいコク。これがまた赤ワインと抜群に合う。今回は中盤でしっかり肉料理のグリルを堪能したので、野菜によるこの別

満腹にも関わらず頼んでしまった「ニハリ」。辛いがうまくて食は進む……はず

ベクトルのコクが満足度を最大値まで引き上げてくれる。

そしてこういうカレーにはやっぱりナンじゃなくてロティである。ナンと違って甘くもオイリーでもなく、全粒粉と塩と水だけのキッパリと素朴なおいしさが、こういう時にはぴったりなのだ。

## 【ダメ押し】胃がパンクするのを覚悟で骨付きマトンシチュー「ニハリ」

ここまでさんざん野菜推しをしておきながら、我々はバカなので丼いっぱいに出てくる肉料理もさらに追加してしまうのであった。

ニハリは骨付きマトンのシチューである。このタイミングでこれを食べるのは、さんざん飲み食いした後にこってりした豚骨ラーメンで締めたくなるあの感じだ。とろける羊肉とともに濃厚な汁をズズッと啜って、もはや豚骨ラーメンを超えてラーメン二郎である。

普通の人は真似しないほうがいいかもしれない。胃がパンクする。ニハリもビリヤニと同様、ランチメニューとしても楽しめるので、皆さんは日を分けてまたの機会にどうぞ。

## 【デザート】スパイス満載料理の終着駅「グラブジャムン」と「マンゴークルフィ」

どちらもインド料理の定番デザート。特にキャラが濃いのがグラブジャムン。揚げたドーナツのシロップ漬けである。これを食べるのが初めての同行者に、散々「甘いですよ」と脅しておいたのだが、同行者は「そんなに甘くないですよ。むしろちょうどいい」とバクバク食べている。満腹感とスパイスで完全におかしくなっているのであろう。しかし、まさにこの感覚なのだ！　スパイス満載の料理から続くこの甘さが天国の終着駅。あとはアツアツのチャイをすすりながら放心して腹をさするだけである。

という感じで、夜のインド料理店では昼とは全く別次元のこんな楽しみ方ができますよ、というお話でした。

そしてそれはフレンチやイタリアン、和食などのコースともまた違う、新鮮な魅力に溢れている。読者諸氏にもぜひこんな「夜のインド料理店」を一度体験していただきたい。

※ぐるなび内「みんなのごはん。」に'20年10月に掲載された記事を加筆修正しています。

マンゴークルフィ。クルフィはインドのアイスクリームのこと。さっぱり系

クラブジャムンは、辛いものを食べたあとほど、甘さによる幸福感が高まる

# 第三章

# チェーン店の本当にスゴい人々

INTERVIEW

チェーン店 1

# 一筋縄ではいかない、情熱と計算の商品戦略

◉サイゼリヤ

## 私とサイゼリヤ

サイゼリヤに関して、私はこれまでさんざん好き放題に書き散らかしてきた。SNSや個人ブログを皮切りに、2019年に上辞した『人気飲食店の本当のスゴさがわかる本』（小社）においては、新書としては少々ぶ厚すぎるそのページ数の4分の1以上をサイゼリヤに割り当てた。そ

**サイゼリヤとは**
創業は1973年。現在国内外に1500店舗以上を展開するイタリア料理店であり、チェーンレストランとしてはガストに次いで国内2位の規模。理系的とも言われる徹底した効率化による低価格戦略を打ち出しつつも、知られざるイタリアの食文化を日本全国に伝える伝道師として、幅広いファンに愛されている。

うせずにはいられなかったからだ。

何が私をそうまで駆り立てたのか。端的にいえば、私はサイゼリヤの素晴らしさを世に喧伝したかったのだ。もちろん私ごときがそんなことをせずとも、サイゼリヤは十分すぎるほど国民に愛されている。しかしそれは概ね「低価格ファミレス」としての評価であった。

「違う、そうじゃない！」

と、私は声を上げたのだ。サイゼリヤはもっと「正統派の、しかも硬派なイタリア料理店」としても評価されるべきだし、そういう楽しみ方ができるかどうかは利用者側の理解と工夫次第。そのことをひたすら訴え続けたということになる。

幸い私の主張は少なからぬ人々の共感を得た。そしてそれ以上に多くの人々が、その「本当のスゴさ」に改めて気づいてくれた。それだけではない。好き放題書き散らかした中での主要な一部分である「サイゼリヤがこうなったらもっとうれしい！」という妄想めいた勝手な願望の一部は、その後に次々と現実のものとなった。

断っておくが、私の妄言がサイゼリヤの商品開発や経営判断に何らかの影響を与えたなどという、誇大妄想を抱いているわけではない。それは私の夢が、日本中のサイゼリヤフアンの夢が、そしてサイゼリヤが思い描く未来像が、たまたま一部シンクロナイズしたということなのである。

何度も言うがそれまで私は、私の主観と想像だけで好き放題に書き散らしてきた。しかし先の新書が出版されたことで、遂に現実にサイゼリヤの「中の人」にインタビューできるという僥倖を得たというわけだ。直接お話を伺えるのは、商品開発の方かはたまた広報の方か。いずれにせよそれは、一ファンが初めて実際に憧れのアイドルに出会うような興奮である。興奮と同時に、「これまで好き放題に書き散らかして本当にすみませんでした！」と平身低頭する覚悟もできていた。

しかし、そんな興奮と覚悟はあっさり瓦解した。そこに現れたのは紛うことなきボスキャラ、もといサイゼリヤの中心人物である現最高経営責任者の堀埜一成社長その人だったのである。

**堀埜一成さん**
株式会社サイゼリヤ代表取締役社長。京都大学農学部を卒業後、味の素に入社。研究者としての経歴を経て、経営ビジョンに共感しサイゼリヤに入社。２００９年、社長に就任。就任当時は低迷していた業績を見事に回復させたことをはじめ、ここではとても書ききれないほどの功績を残しているが、そのひとつが「難しすぎる間違い探し」を考案したことである

「今日は会社としての経営戦略や数字的なことは一切伺いません。伺うのはレストランとしてのサイゼリヤのメニューや料理についてだけです」

のっけから経営者に対しては失礼とも言える宣言から始めた私に対しても、堀埜社長はあくまで気さくに、次から次へとおいしそうな話をしてくれた。

※この対談は週刊ＳＰＡ！'20年3月10日号に掲載された対談に加筆修正して掲載しています。

## これ食べてみて！　こそが大事

――サイゼリヤさんは昔からの定番メニューだけでなく、このところ新商品が出るたびに注目を集めていますよね。最近ではアロスティチーニ（ラムの串焼き）が売れすぎて供給が追いつかず、一時的に販売休止になるほどの異例の大ヒットとなりました。いわゆるファミレスっぽさとは少し路線の異なる〝本格志向〟なメニューが増えていますが、どういった経緯でこのような商品開発をされるようになったのでしょうか？

**堀埜**　まず、サイゼリヤの「事業フェーズが変わってきている」というのがあります。成長期を経て今は安定期に入ってきているので、商品パターンも以前とは少し変えています。成長期はいろんなお客さまに来ていただいて市場を大きくしなければならないので、尖った企画や新商品は出しづらいのですね。土台ができていないうちにいろんなことをやってしまうと顧客離れで成長が止まりかねませんが、安定期に入った今はある程度市場の規模が確保されているので攻めた企画も出せる。それがうまく当たっているのだと思います。

――安定期に入ったからといってそのまま安定だけを目指すのではなく、あえて尖った商品で攻めるということですね。そのような攻めた商品開発はどのようなプロセスを経て行われるんですか？

**堀埜**　我々は、5年前から3年前くらいの間にそのフェーズが変化したという認識を共有しています。だから今は商品の開発担当者がそれぞれに、尖った商品をどんどん出してきます。というか私が「トゲはやせ」と、けしかけているところもあるんですが（笑）。

――なるほど（笑）。それでは今後も全社一丸となって本格メニューの開発は継続していくと。

**堀埜**　そうですね。毎年商品開発部のメンバーと一緒にイタリア各地に行って現地のさまざまな料理を食べるようにしているのですが、一口に「イタリアン」と言っても地域によって特色もバラバラで、実に多様な料理に出会います。「これは日本の皆さんにもぜひ食べてもらいたい！」と思う料理がまだまだたくさんあるので、機を見て少しずつ商品化していくことになると思います。ちょっとこれ食べてみませんか？（といってチョコレートを差し出す）

――ずいぶん硬いチョコレートですね……。もしかして新商品ですか？

**堀埜**　私は「世界一口溶けの悪いチョコレート」と呼んでいます。これもイタリア視察の際に出合いました。チョコレートといえばなめらかなもので、口溶けがいいほどそれは良質というのが我々の感覚。しかしこれはそれとは正反対。

――確かに、ジャリジャリのガリガリです。でも……おいしいですね、これ。

**堀埜**　ジャリジャリゆえにものすごく香りがたつ。私は大好きです。これは日本人の知らないイタリア。ただし商品化するかは未定で、今は株主総会で「ちょっと食べてみてくださいよ」と言って配ってます。

――本場で自分達が惚れ込むものを見つけてきて、それを日本に広める機会を窺っていると。

**堀埜**　繁盛店を回っているとわかるんです。「これで儲けよう」じゃなくて「これおいしいから食べてみて」が基本になっている。私が好きで行ってる店なんて、もはや注文すらさせてもらえない（笑）。最初から最後まで「これを食え、あれを食え」ですよ。

でもそれこそが食堂業においてものすごく大事なことだと思うんです。「これ食べて！」ってやってる店は、働く人たちもとても楽しそうですし。

——自分も飲食業に携わる一人として、そこには心底共感します。自分達が感動したものをお客さんにも食べてもらって、同じ感動を味わってもらう、確かにそれがいちばん楽しいです。

**堀埜**　毎年そういうものを商品化したり、商品化には時期尚早と判断したものは株主総会で配ったり株主優待にしたりしています。ちょっとこれも食べてみませんか。

——これはまた大きくて肉厚なアンチョビですね。（食べてみて）ああ、これはおいしい！　単に食べ応えがあるだけでなくて、みずみずしくて臭みがない。塩気と旨味のアクセントと言うだけでなく、これ自体が抜群においしい食材という印象です。

**堀埜**　一般的なアンチョビとは全く違います。これは次のメニュー改定で『フリウリ風フリコ』との組み合わせなどで登場します。こちらも食べてみてください。

——（食べてみて）パンチェッタですけど、今のパンチェッタとはかなり違いますね。今のパンチェッタは、いわゆる「パンチェッタ・ドルチェ」ですよね。本場のパンチェッタでありながら、日本人好みのジューシーさとソフトさがある。でもこれはまったくタイプが違いますね。水分が少なく、その分、旨味の凝縮感と塩蔵肉ならではの熟成感が強い。……正直なところ、私はこちらのほうが好きです。もしかしてこちらに変更されるんですか？

**堀埜**　実はこのパンチェッタは既に、サイゼリヤではない弊社の系列店で試験導入しているんです。評判もいいと思います。しかしサイゼリヤには時期尚早ですね。ちょっとクセがあるでしょう？

## 緻密な計算と宇宙の意志

――そうやって緻密にタイミングを計ると。私が初めてサイゼリヤさんの「日本人が知らないイタリアを紹介しよう」という明確な意志を感じたのが……。

**堀埜**　アマトリチャーナビアンコですよね。

――どうしてわかったんですか（笑）。

**堀埜**　あれは、ちょうど会議の最中にイタリアでの大地震の一報が入ってきて、よくよく聞いたら被災地は自分たちもかつて視察で行ったことがあるアマトリーチェ。すぐにそこのレストランで真っ先に出された伝統的なアマトリチャーナを思い出したんです。そのときアマトリチャーナを作ってくれたおばあちゃんがその地震で亡くなったということものちに聞いて、何かできることはないかということで、チャリティの一環としてやりました。だから実はあれに関しては「タイミングを計

アマトリチャーナはトマトを使うものより使わないビアンコの方が歴史は長い

る」みたいなこととは全く関係なかったんです。彼らは自慢するんですよ。アマトリチャーナはこれや、歴史的にはこれが先や、と。そもそもトマトがイタリアに伝わる以前からの地方料理、伝統料理ですからね。

**――伝統的な地方料理といえば、ナポリ風ジェノベーゼもありましたね。日本で一般的なバジルペーストを使った緑色のジェノベーゼではなくて、肉と玉ねぎを煮込んだ茶色いジェノベーゼ。**

**堀埜**　あれもまさにイタリアで出合ったんです。そのとき我々の通訳がナポリの出身で、「日本のジェノベーゼは違う」と、事あるごとに言うわけですよ。「ジェノベーゼはアレじゃない、アレじゃない」とうるさくて（笑）。「わかった、じゃあそれをいっぺん食わせろ」と。そうしたら確かにそれはうまかったんですね。日本でもウケるんちゃう、と。でもあれも、うまいなうまいな言いながら長いこと寝かせてた。

**――そういうものを「そろそろ出してもいいな」と判断するタイミングは？**

堀埜　これはほんまは言うたらあかんのやけど……。

――言ってください!!（笑）

堀埜　これほんまに言ったらあかんのやけど、「宇宙の意志」って言うてるんですよ。「あるとき、目の前に落ちてくる。それを拾え」と。

――世間でよく評される「理系企業」のサイゼリヤらしからぬ！

堀埜　だから言いたくなかったんですけどね（笑）。でも本当にそう。

――あるところまでは徹底的に理詰めだけれど、最後は「勘」だっていう……。その勘に失敗はありますか？

堀埜　タイミングの話に限らず、失敗なんてしょっちゅうですよ。これは私自身が開発部にいたときですけどね、ステーキを引っ込めざるを得なかったことがありました。

――『厚切りランプステーキ』ですか!? 私あれ大好きでした! どうしてやめちゃったんですか?

**堀埜** 私も大好きだったんですけどね。でもランプという部位はねじれてる部分があって、どうしても一部にスジが入り込んで硬いやつがたまに出てしまうんですよ。たまたまその硬い部分が当時の社長(現在会長の正垣泰彦氏)に当たってしまって、「何やこれは。お前いい加減にせえよ」と(笑)。ウチはなぜかそういうのが上層部に当たるんです。今は私や会長ってことですね。最近でもたまたまある肉料理の、ちょっと臭いのが私に当たりまして。その「臭い」は「風味が強い」でもあるから、私は好きだったんですよ。でもそれが私みたいな好事家ではなく一般の方に当たったらアカンし、運よく私みたいなのに当たっても、次来たとき普通のが出てきたらガッカリさせてしまう。しかもその料理はヒットの兆しを見せていたから、タイミングを逸すとえらいことになる。「これは誰にとってもええことないで」と、即刻やめさせました。

## 本格志向とローカライズの狭間で

――シビアな判断ですね。個人的にずっと伺ってみたかったことがありまして、これマニアックすぎて読者の方も置いてけぼりかもしれないですけど……せっかくの機会なので伺います。アロスティチーニのスパイスは、普通のイタリア料理として考えるとハーブ、ニンニク、塩くらいのシンプルなものであるはずなんですが、サイゼリヤはそこにクミン、チリ、フェンネル、ブラックペッパーあたりですかね、そういうスパイスも加わっていた。なぜそういう着地に至ったんですか。

**堀埜**　あれ、開発したシェフがニヤッとしな

アロスティチーニは発売当初、話題になり品切れが続出。今は レギュラーメニューに

がら出してきたんですわ（笑）。あれは言うなればシルクロードの味なんです。ただし中国ではなくトルコとかのね。シルクロード沿いはどこでも羊料理の文化があるわけです。

――腑に落ちます！　私は勝手に、イタリアでも地中海沿岸なら地理的にもトルコなどの中東料理と重なる食文化が残っていても不思議はないはず、と想像していました。

**堀埜**　地中海は文化の混交。サルディニヤなんて地理的にも歴史的にもまさにそういう土地で。羊の臭みを消すにも、片やハーブだったり、もう一方はスパイスだったり、いろんな手法が組み合わされてもおかしくはないわけです。

――いかにも現代イタリア的に、例えばローズマリー一辺倒で臭みを消そうとしたら、それはそれで日本人にとって食べにくいものになりかねない。そこでスパイスでバランスを取ったということでしょうか。ただ、アロスティチーニがネットで話題になったとき、「あれはイタリアとは関係ない、中国東北料理の味だ！」という見立てをする人も多かったと思います。それはあくまで好意的な感想だったとは思いますが、ありていに言うと

「間違い」。それに対して釈然としない思いはありましたか？

**堀埜**　それはないですね。どこまでいっても日本人の味覚って中国文化圏でありモンスーン文化圏なんですよ。例えばヨーロッパでは核酸系の旨味が中心ですけど、日本ではアミノ酸の旨味が中心です。そこはうまく置き換えてローカライズする必要がある。でもイタリアでも200年前に、トマトというアミノ酸の旨味が一気に受け入れられた。世界ではそういう変化、ハーモナイジングが常に起きているんです。

ウチでも本当に売れてるものは、基本的にローカライズしたものですよ。たらこスパとかそういう、イタリアとは関係のないものばっかりです。

――確かにサイゼリヤの魅力って、本場イタリアのおいしさを紹介しつつ、それこそミラノ風ドリアみたいな日本洋食ならではのおいしさをきっちり作り込んで絶妙なバランスで配合する、そこにあると思うんです。最近また急激に本場志向を強めているように見えるサイゼリヤが、今後そういういかにも日本洋食的な部分を縮小していく可能性はありますか？

**堀埜**　まさにそのミラノ風ドリアなどを召し上がってくださるお客さまが弊社のコアな客層です。そこを見誤って本格メニューの割合を増やしすぎてしまっては、これまで築き上げたものが台無しになってしまいます。ミラノ風ドリアはミルクや挽き肉など、誰しも小さい頃からなじみのある食材ばかりを使っています。嫌いな人はほとんどいないはずです。みんなが好きな味を、できる限り低価格で提供し続けていきたいと考えています。

サイゼリヤの定番「ミラノ風ドリア」。300円と低価格で多くの人に愛される

## 低価格への飽くなき挑戦

――今「低価格で」というワードが出ましたが、誰もが抱く素朴な疑問として「こんなに安くて利益は出るのか?」というのがあると思います。

**堀埜**　そこは我々の企業理念と密接に関係しています。弊社はペガサスクラブ（チェーンストア研究団体）の会員なのですが、我々チェーンストアの使命はペガサス流に言うと「経済民主主義の実現」なのです。要は「外食における格差をなくそう」ということです。おいしい料理を食べるのはお金持ちだけの権利ではないですよね。ウォルマートの経営理念は「3万ドルの年収の人に5万ドルの生活を」というものですが、我々の使命はこれだと思っています。「食のオプションを広げ、食の豊かさを提供しよう」という点に重きを置いています。食の豊かさとは何かといえば、一つは選択肢の多様さが挙げられます。そこで単価が高くなってしまってはその選択肢が限られてしまう。それを広げるためには価格をある程度下げなくてはいけない。だから、本来イタリアンは高くなりがちだけれど、我々はある程度まで価格を下げていこうというスタンスなんです。

――とはいえ、原材料費も上がっている昨今、低価格を維持するのは並大抵のことではないですよね。それにもかかわらず全体の利益率は上がっているという情報も聞いたのですが、どのような企業努力をされているのでしょうか？

**堀埜**　いちばん大事なのは「ロスをなくす」ことです。とにかく無駄をなくす。私自身もメーカー出身ですが、メーカーからサイゼリヤに来た人は皆一様に「濡れ雑巾ですね」と言います。絞ればまだまだ水が出る（＝無駄が多い）と（笑）。これまでもあらゆる無駄を解消してきましたが、それでもまだ改善すべき点が残されていると思います。

――私もいくつか飲食店を経営しているので、コストカットの重要性は痛いほどわかります。具体的にはどのような施策を行っていますか？

**堀埜**　最も取り組みやすいのは農場です。例えばブロッコリーって、全体の何パーセントを食べているか。あれは花の部分だけを食べているのであって、茎の部分も食べられるところがたくさんあるわけですね。同じ味だしそれを使う料理もある。そうやって食材を無駄なく使う努力をしていけば改善の余地はあると思います。店でやむなく捨ててしまっている食材もありますし、管理の仕方や技術によって改善できるはずです。それともう一つ、全体の販売量を増やせば当然原材料費は下がりますよね。もちろん適正な市場規模というものがあるので増やしすぎてもダメですが、サイゼリヤはまだ14の都道府県にしか出店していません。そう考えると店舗数はまだ足りないくらいで、今後も増やしていけると考えています。そうなればさらなるコストカットも可能です。やれることはまだまだあるので、値上げは今のところ考えていません。

——ミラノ風ドリアとドリンクバーの500円玉一個で青春の一ページを謳歌する中高生たちを見ていると、そういう緻密な価格戦略が果たす社会貢献の尊さに、ある種の感動を覚えます。その同じ店内では、忙しいビジネスマンがパスタともう一品くらいでクイックなランチをとっていたり。かと思えば、本格系の料理をテーブルいっぱいに次々に頼んで、ワインも開けてデザートも楽しんで、みたいな我々もいる（笑）

**堀埜**　そういうふうに多様なスタイルで自由に楽しんでいただくためにも、幅のあるメニューと低価格は私たちにとって永遠の使命なのです。

## インタビューを終えて

実はここに掲載しているのは、1時間半を超えるインタビューのごく一部でしかない。

この内容だけでもよほどの食オタでないと何を言ってるのかわからないマニアックな会話が一部含まれているが、実際はこれ以上にディープなテーマで繰り広げられていた。失礼を承知で言えばまさに「マニア同士の終わらない会話」である。

しかし私にはわかっている。堀埜社長は私に「合わせて」くれていたのだ。アマトリチャーナのくだりでもおわかりのとおり、事前に私の著書を細部まで読み込み、いかにも私が喜びそうな話題を提供してくれた。

都合よく解釈すれば、私は堀埜社長が普段メディアではあまり見せない「食いしん坊のイタリア料理マニア」としての顔を引き出したと言えなくもない。しかしそれも結局は「釈迦の掌」なのである。相手がビジネス誌の記者であれば、あるいは経済学者であれば、それぞれに軽々とまったく違う顔を見せたであろう。

このインタビューから2年以上を経た現在、サイゼリヤは、人気のローカライズメニューはもちろんきっちり押さえたうえで、さらに本格志向が進んでいる。最近ではミラノ名物「オッソブーコとリゾットミラネーゼ」をサイゼリヤ流に再解釈したかのような「リゾット&牛スネ肉のシチュー」が話題になった。これは見方によっては、かの「ミラノ風ドリア」の壮大な伏線回収という解釈も可能なのだが、さすがにマニアックすぎる話なので

その存在を知った筆者が大興奮した「リゾット＆牛スネ肉のシチュー」

ここではこのくらいでやめておこう。

トマトソースと卵をオーブン焼きにした「煉獄のたまご」も、初めて見たときは感動した。「知られざるイタリア」の啓蒙と、日本人なら嫌いな人はいないであろうポピュラリティの両立。食材原価とオペレーションコストの双方にわたる高い収益性の確保と、それとは相反しない顧客満足度。人気アニメのキャラクターを彷彿とさせる、絶妙な翻訳タイトルによるくすぐり。あらゆる要素がパズルのように緻密に組み立てられていて、改めてそのＩＱの高さを思い知らされる傑作である。

インタビュー中にあるブロッコリーのエピソードを体現したような「ブロッコリーのく

煉獄のたまご。Uovo in purgatorioと呼ばれるイタリア料理でpurgatorioは煉獄の意

たくた」は、おなじみの名作「柔らか青豆の温サラダ」と並ぶ定番の素材派野菜料理として今後定着していくのだろうか。

食材コストの上昇が止まらないなか、このときの宣言通り、値上げはほぼないに等しい。バッファローモツァレラやリブステーキは、付け合わせなどの仕様をミニマルに変更してコストカットを行ったのみならず、それがむしろ素材感を強調する、より「かっこいい」スタイルとなった。

アロスティチーニに始まる羊肉メニューは完全に定着し、時折、さらにそのバリエーションを広げている。

ちなみに私の最近のいちばんのお気に入りは「オリーブアンチョビペースト」である。

オリーブアンチョビペーストは、ピザやサラダと合わせたメニューも

対談でしたブロッコリーの話を回収したかのような「ブロッコリーのくたくた」

プチフォッカやパスタ・ピザと組み合わせるのは当然として、ぜひチキン・ハンバーグ・ステーキなどの肉料理と合わせて（デフォルトでついてくるソースは無視して）楽しんでほしい。

背徳の極みと言っていい、実に悪い味がします！

500円で青春の一ページを謳歌する子どもたちの幸せを守るためにも、私はこういった意欲的な商品に、これからも可能な限り全力で課金していく所存である。

INTERVIEW
チェーン店
2

# 「何を食べてもおいしい」を作り出す男たち

◉ロイヤルホスト

## 私とロイヤルホスト

かつてあるインタビューで「飲食店って高ければ高いほどおいしいんですか?」という質問を受けた私は「特殊なケースを除けば、概ねそのとおりだと思いますけど、あるレベル以上は優劣というより好みの問題になると思います」と答えた。「その『あるレベル』ってどのあたりにな

**ロイヤルホストとは**
全国に219店舗を展開するレストランチェーン。1971年より全国展開を始めたロイヤルホストは日本の「ファミレス」の草分けでもあるが、現在では、他のファミレスチェーンに比べ比較的高価格帯で、各店舗に専門のコックを置いて店内調理の割合を高めるなど、独自の路線で業界内でも特異な地位を築いている。

るのでしょう？」とさらに聞かれた私は、とっさに「ロイヤルホストから上、ですかね」と返した。個人的にロイヤルホストはハイエンドな高級店や星つきレストランと比肩しうる唯一のファミリーレストランだと認識している。

そこにはもしかしたら、九州で生まれ育ち、幼少期からごちそうの象徴がロイヤルホストだった私の思い入れが多少は含まれているのかもしれない。ともあれ、世間においてロイヤルホストの通称「ロイホ」はすっかり普及しているが、リスペクトが過ぎるあまりどうしてもそう呼び捨てにはできず、ついつい「ロイホ様」と言ってしまう私である。

そんな、ファミレスという枠には収まりきらない、高品質で時にマニアックともいえるメニューの数々が、どんな人々によってどのように生み出されているのか。ずっと気になっていた、その内側を根掘り葉掘り聞いてみた。

## ロイヤルホストの「当たり前」とは
### ――ズバリ、ロイヤルホストのポリシーってなんでしょう？

**岡野孝志さん（以下、岡野）**　ロイヤルホストはもともとフランス料理からスタートしています。そのこともあってロイヤルホストはあくまでレストランです。奇をてらわず、常に本物感を手放さない。だから各店にコックがいるのは「当たり前」なのです。確かにセントラルキッチンは重要ですが、それはあくまで店の基本的な仕込みをしているという役割。

接客面においてもそれは同様で、身だしなみや所作、言葉遣い、そして清潔感や店内の雰囲気、そういったものを含めて空間トータルが商品なんです。つまりそれがテーブルサービスレストランの価値と考えています。

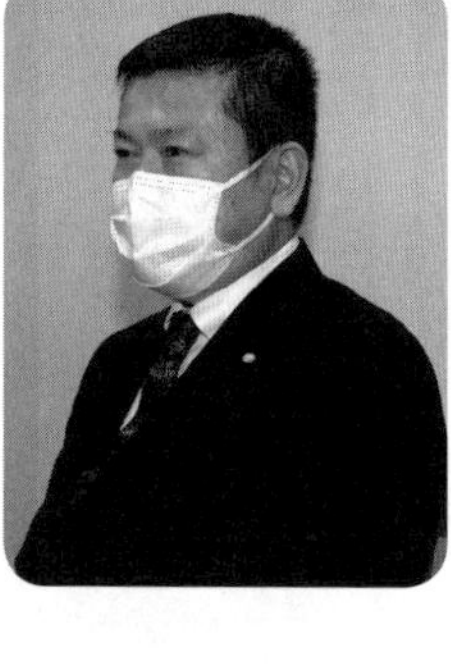

**岡野孝志さん**
ロイヤル株式会社商品本部 企画開発部長（兼）購買部 開発購買担当。商品やサービスなどを統括する要職に就くが、信念と反骨の人である

——飲食店を褒める言葉に「何を食べてもおいしい」という評価がよく使われますが、私にとってロイヤルホストはまさにコレなんです。漠然とした質問で恐縮ですが、ロイヤルホストが何を食べてもおいしいのはどうしてだと思いますか？

**岡野**　効率も大切ですが、その料理が持つコアな部分が大事です。ステーキであればジューシーな食感や、サラダであればフレッシュ感とか。でもそれはむしろ当たり前のこと。その当たり前を真摯にしているところが大きいかなと感じています。

**――効率化は重要だと思います。効率化と品質のせめぎ合い、社内でもこれまでそういう議論は繰り返されてきたのでは？**

**岡野**　まさにそのとおりで、だいたい10年周期くらいでそうした葛藤は繰り返されてきました。

15年くらい前にもそんなことがありました。メニューを減らす、食材を減らす、店内調理を減らすなど。

**――15年前、その当時は現場の感覚ってどうだったんですか？**

**佐藤潤一さん（以下、佐藤）**　当時、私はある店舗の料理長でした。それまではポークカツひとつとっても、下味をつけて粉をはたいて卵をくぐらせてパン粉をつけて仕込んでいたのを、突然ある日から、冷凍ストッカーを開けるとそこには衣のついた冷凍のポークカツが整然と並ぶという状況になったのです。

——どう思いました？

**佐藤**　正直、料理長としてさまざまな管理に追われる日々だったので、楽になったなと思っていたのも事実です。でも、当時仲間内で集まると「ロイヤルホストはこれからどうなっていくのだろう」という話にもなりました。料理長としてはともかくコックとしては先行きに不安を感じてもいました。

## 一人の青年が商品開発の責任者になるまで

——現在、ロイヤルホストの全メニュー開発を手がける立場にある佐藤さんですが、もともと料理人を目指して入社されたんですか？

**佐藤**　いえ、実は最初は料理についてはちっとも興味なくて、スナック菓子で腹を膨らませればいいや、くらいの感じでした（笑）。高校を卒業して、とにかく地元を離れて就職したいと選んだのがたまたまロイヤルだったんです。

**岡野**　ただ彼にはちょっと特殊なバックボーンがありましてね（笑）。

**――と言いますと？**

**佐藤**　中学生くらいまでは、平日の晩ごはんはほぼ外食だったんです。だいたいは近所のレストランでそれが続いて飽きてくると焼肉屋であったり、中華料理屋にいっていました。ロイヤルホストにも行ってました。

**――それは確かに特殊ですね……。でも、それである意味舌が鍛えられたと。で、入社後は？**

**佐藤**　調理職、総合職、製造職とあるうちの調理職を志望し、研修を終え、東京のロイヤルホストに配属となり、数店舗での勤務を重ね料理長に昇格しました。もっと専門的な技術や知識を身につけたいと思い、グループ内の専門店に転籍したいと会社に希望をだしたのですが叶いませんでした。そんな時に、商品部の開発部門に行かないかと声をかけていただきました。

**――才能を見極めてってことですね。佐藤さんは今やそれを見極めて抜擢する側の立場にいると思いますが、抜擢する際のポイントって何ですか？**

**佐藤**　仕事に取り組む姿勢や、その方が普段作っている料理を見ればわかります。当たり前ですがロイヤルホストにはマニュアルという名の設計図がある。それに沿って作れば料理は完成します。素材の状態を見極めて、ちょっとした変化も見逃さず、そして少しでもおいしく仕上げる、そういうことができるかできないかが重要です。それが単なる作業であってはいけない。それが気配りやちょっとした手つき、好奇心というかたちで現れるんです。知識や技術は後からいくらでもついてきます。でも、そういう姿勢は普段の仕事を見ていればすぐにわかります。

## ファミレスらしからぬ本格フェアメニュー

――ロイヤルホストといえば、盤石の定番メニューだけでなく折々のフェアメニューも魅力ですよね。

**佐藤**　かつては創業者自らが商品開発チームとともに、海外視察に向かいロイヤルが日本で紹介すべき料理や食文化を探しに行っていました。

――それが、本場のイタリア料理やタイ料理、インド料理などをいち早く国内で紹介してきた過去のフェアにつながったんですね。

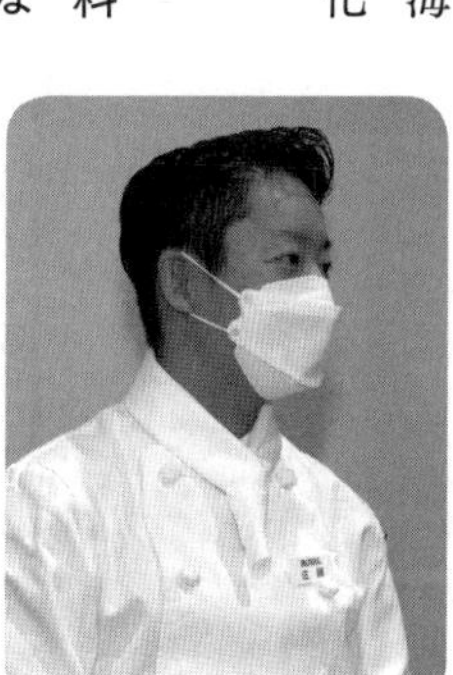

**佐藤潤一さん**
ロイヤル株式会社商品本部企画開発部。現在のメニュー開発を一手に担う料理長。情熱と冷静さを兼ね備える若き天才

**佐藤**　ただ、その役目は、さまざまな専門店が国内でも増えてきた今となってはいったん役割を終えたのかもしれません。特にスパイス系の料理については、専門店で提供されるようなレベルを実現する事が難しいと考えています。スパイスの管理や取り扱いも含めて。

——とはいえ、やっぱりマイナーな外国料理を日本全国で一気に展開してそれを普及させるというパワーはロイヤルホストにしかないものだと思います。私が特に印象深かったのは2013年頃から続いた一連の「イタリアンフェア」「玉ねぎじゃがいもフェア」「バスク料理フェア」あたりで、当時のフェアはどれもコース仕立ての訴求でしたね。いつでも気軽に本場料理のコースが楽しめるなんて、と大興奮したのを覚えてます。

**佐藤**　当時は日本でもビストロ（フランス料理のカジュアルレストラン）と言われる業態が浸透しつつあった頃で、そういう店のプリフィックス（前菜・メイン・デザートをお客さん自身がいくつかの選択肢から選んでコースを組み立てる提供方法）のスタイルを取り入れました。

「玉ねぎじゃがいもフェア」の当時のメニュー。筆者の記憶にしっかりと残っていた

――「玉ねぎじゃがいもフェア」なんて実質、フランスの地方料理・家庭料理フェアでしたもんね。タルトフランペ（アルザス地方の薄焼きピザ）とかアシパルマンティエ（じゃがいもと肉のグラタン）とか。

**佐藤**　はい、注文していただいたお客様の反応もとても良かったです。キッチンでのオペレーションがスムーズにいかず、お待たせしてしまう場面もあり大変でした。

――具体的にどう大変だったんでしょう？

**佐藤**　料理をお客様が食べるタイミングに合わせて順番に提供するわけですから、通常オペレーションでそこに調理のタイミングを合わせるのは難しかったです。

——それでその方向性を諦めたってことだったんですね。

**佐藤**　ただ、これもまた10年周期くらいでコース料理へのチャレンジって続けてるんです。またチャンスがあればいつかは、っていう気持ちは常にありますね。

## 個性派メニューを売るための執念

——そのときの経験を経て、今は時系列のコーススタイルではなくギャザリングプラッター（一皿にさまざまな料理を一度に盛り付ける）やサーフアンドターフ（海のものと山のものを盛り合せる）といったスタイルがロイヤルホストのハイエンドメニューとなってるわけですね。

**佐藤**　私自身はラーメンみたいなシンプルにがっつく料理も好きなんですが、やっぱりお客様にはせっかくだからいろんな料理を楽しんでもらいたい。それを実現するための盛り合わせプレートです。
ただギャザリングプラッターになると、どうしてもそれだけで2000～3000円になってしまう。なので最近は小皿料理を充実させて、お客様自身でさまざまな組み合わせを楽しんでもらう、ということにも取り組んでいます。

——それ！　私も最近ロイヤルホストに行くと「冷製コンソメジュレ」とか「小さなビーフシチュー」なんかの小皿メニューをまず頼んで、それからメインディッシュを選ぶんですよね。まんまと客単価を上げられている気もするんですが（笑）。

**佐藤**　コンソメジュレは最初お客様からあまり注文していただけなかったんですよ。

——でしょうね（笑）。私も最初あれを見たときは「ロイホ様相変わらず尖った料理をぶっ込んでくるな」と思って、知人たちに「ロイホ様がまたもやフレンチレストランしかやらないような素敵メニューを始めたけど、きっとあっという間に消えるから今のうちに食べとけ！」って宣伝して回りました。結局、あれは今もグランドメニューにありますが、ほんとよく生き残りましたよね。

**佐藤**　コンソメジュレとフラン（卵と生クリームを使った〝洋風茶碗蒸し〟。ロイヤルホストではあえてゼラチンを使いババロアのように固めている）からなる土台の部分はずっと変わらないんですが、トッピングを蟹とかいろいろ替えてチャレンジし続けました。無理やりセットに組み込んで強制的に食べてもらうようにしたり（笑）。私、１年半は諦めないんですよ。とにかくあの手この手で一度は食べてもらう。

筆者が思わず注文してしまう一品「冷製コンソメジュレ＆フラン仕立て～うに・いくら～」

――「小さなビーフシチュー」の登場にも驚きました。しかもその登場と同時に元からあったフルサイズをなくしましたよね。ビーフシチューってどうしても高価なものになるから、フルサイズ時代はパスタを添えたりしてボリューム感を確保していましたが、正直、今のシンプルな形のほうがずっとおいしい。

**佐藤**　そうなんです。ビーフシチューはロイヤルホスト伝統の看板メニューだったんですが、価格が災いして売れないメニューでもありました。高いから売れないのであれば、量を半分にして価格を下げて、小皿料理として注文していただければいいんじゃないかという単純な発想でした。

——これはお世辞抜きにして、私はロイヤルホストのビーフシチューは世の数多あるビーフシチューでも最高のものだと思ってます。昔からずっとこのレシピは変わってないんですか？

**佐藤**　昔はブラウンルウ（小麦粉を油脂でじっくり香ばしく炒めたとろみの素）やワインもあまり使わず、トマトベースでもう少しさらっと煮込んだものだったみたいです。

——グーラッシュ（ハンガリーやドイツなどの、牛肉をトマトやパプリカとともに煮込

ビーフシチューは、ロイヤル中州本店が開店したときから提供する伝統の一品

んだ素朴なビーフシチュー）だ！

**佐藤**　そのようなものだったかもしれません。それがその後、ルウやワインを使ったクラシックフレンチ風の濃厚な仕立てに変わって、そして'19年「小さなビーフシチュー」としてリニューアルしたときにレシピを少し変えました。

――どう変えたんですか？

**佐藤**　ビーフシチューは、ソースをまず完成させて、そこに別でボイルした牛肉を合わせて作ります。以前の1人前の量を半分にして生産すると、工程上、牛肉のゆで汁が余ってしまいました。捨ててしまうのはもったいないので、少し煮詰めてからソースと合わせる事で、一段と深みが増しました。

――なるほど！　サイズが変わってさらにおいしくなった気がしたのは、単に添え物とかの話ではなくて味そのものが向上していたということなんですね！　私はあのビーフシチューの、しっかり煮込まれていつつ弾力と旨味を残した肉そのもののおいしさにも毎回感動していたんです。

**佐藤**　煮込みすぎないように、やわらかくなりすぎないように、というのが肝心です。ただそうやって品質を保ち、味も向上させ、価格とサイズを半分にしても、そんなことくらいではおいそれと売れません。だからこれもやっぱり、「洋食プレート」に組み込んだり「ビーフシチューハンバーグ」に展開したりして、何がなんでも一度食べてもらおうと。

――そこまで行くと執念ですね。

**佐藤**　執念といえば「ケールサラダ」もそうです。

私自身も海外視察に行く機会がありまして、そのとき、アメリカ西海岸で出合ったケールサラダがあまりに印象的で、これは絶対に日本でも広めたいと考えました。帰国してから、なるべくやわらかくえぐみのないケールを求めて産地と品種の選定をしたり、ケールに合うドレッシングを開発したりしましたが、最初はやっぱり売れませんでした。

――あのケールサラダはすごいと思います！　サラダといっても、適当に生野菜を並べて「お好みのドレッシングをかけてどうぞ」みたいな話じゃないですもんね。かなり難しい素材であるケールに、これしかないというバランスのドレッシングや副材料、アクセントが組み合わさって一皿の料理として完成している。私も常々あれは地味かもしれないけどまさに「職人技」だと感嘆してたのですが、そうか、あれも佐藤さんの仕業でしたか。

**佐藤**　なるべくやわらかく癖のない品種種を選びましたが、それでもケールは強い素材です。それに負けないように、フランス産の濃度がしっかりしたピーナッツオイルを選びました。そこにわずかに醤油と胡麻油を加えて。あえて酸味は抑えました。甘味はハチミツを加え、そしてごく微量のフェンネルも。

――なるほど！　そういうことでしたか。あのドレッシング、醤油をベースにしつつ、いわゆる和風ドレッシング的な野暮ったさがまったくなくて、かすかにエキゾチックな印象……（この後、料理人同士の超マニアックな会話が10分以上続くが割愛）。まあ、でもそこまで完璧に仕上げても売れなかったんですね。

**佐藤**　なのでこれもまた、いろんなセットや盛り合わせにに組み込んだり、ステーキサラダに展開したりで無理やり食べてもらったんです。実は、今でも単品のケールサラダとして売れてるのはケール全体の15％くらいでしかないんですよ。

## 売れなかったメニュー、日の目を見なかったメニュー

――普通なら売れるとわかってるものしかオンメニューしないし、予想が外れて売れなかったらメニューから外す、そこを1年半もあの手この手でねばると。

**佐藤**　1年半やって諦めたものもありました。「チキン65」です。

――南インド風のフライドチキンですね。あれが出たときは私の周りのインド料理界隈でも話題騒然でしたが、やはり一般向けには……ですか？

**佐藤**　味でいえば甘辛のわかりやすいおいしさだったんですがね……。当時おつまみ系のメニューには辛い料理がなくて、これはそこにうってつけの商品だと思ったんですが、結局ダメでした。これもセットに組み込んだりいろいろやってはみたんですが。

――わかりやすさってある意味難しいですね。

**佐藤**　なので今のメインメニューは、アンガスビーフや黒毛和牛、オマール海老、そしてウニやイクラや鯛など、誰もがごちそう感を理解しやすい素材のおいしさをアピールしたものが中心になっています。

チキン65は、スパイシーな旨辛チキンで、税込410円と手軽な価格でもあった

――これまで開発段階でボツになった料理もあるわけですよね？

**佐藤**　私、クレオール料理やケイジャン料理が好きなんですよ。あるとき、ガンボ（オクラを使ったスパイシーなスープ）をモチーフにしたシーフードカレーを作って、そこにシーフードキーマカレーやグリルシーフードを合わせたプレートを提案したことがありましたが、結局ボツになりました。

――私はけっこうそそられますけどね。ほかにもあります？

**佐藤**　夏メニュー企画で冷たい麺料理という

テーマをもらって、あえて真夏に極寒の地の料理ボルシチをイメージしてビーツを練り込んだ麺をさまざまなトッピングとともにつけ麺スタイルで食べてもらう……っていうのを当時の社長にプレゼンしたことがあるんですが、このときは一言の感想すらなかったですね。「なんだかわからん」とだけ（笑）。

**――最後に、これからロイヤルホストとして、そして佐藤さん自身として叶えたい夢とか進みたい方向性について伺いたいです。**

**佐藤**　クレオール料理フェア的なものはいつかやりたいですね。

でも私自身は夢は持たないようにしているんです。目の前の小さなことを一つひとつクリアしていけば自然と夢にたどり着くと思ってるので。

購買（食材の仕入れ）と開発は組織が分かれていましたが、環境問題なんかも含めてここを統合した組織として動いていくことで、きっともっといいものが生まれていくと思っています。

## 「レストランとしての愉悦」をこれからも

私はかつて一人夜中のロイヤルホストで1万円を超える金額を使ったことがある。オニオングラタンスープに始まり、当時あったジャンボマッシュルームのサラダやアンガスビーフステーキからのビーフジャワカレー、そしてパフェで終わるフルコースだ。料理の一つひとつにグラスワインをペアリングしていったこともありそんな金額になったわけだが、そこには確実に価格以上の「レストランとしての愉悦」があった。

さすがにそこまでの豪遊は稀だが、やっぱり今も私は、不意にちゃんとした料理をゆっくり味わいたくなるとついついロイヤルホストに駆け込み、自分なりの小コースを組んで楽しんでいる。実際、店で周りのお客さんを見回してみると、ランチセットやドリンクバーなどの王道ファミレス的なコンテンツを楽しむ大勢の人に紛れて、プチ豪華なレストラン使いをキメている人々も一定数は確実にいる。

ロイヤルホストは盤石の定番メニューはもちろん突如現れる新メニューも確実においし

い。これからきっと挑戦的な新メニューを見かけるたび、おふたりの顔を思い浮かべ、「またやりやがったな」とニンマリしてしまうことだろう。

INTERVIEW
チェーン店
3

# 「元大手」復活の鍵を握るアイデアマン

◉ドムドムハンバーガー

## 私とドムドムハンバーガー

子どもの頃に住んでいた鹿児島には、ダイエーの巨大ショッピングセンターがあった。家族で屋上駐車場に車を止め、吹き抜けのセンターホールをぐるっと一周する螺旋階段を下りて店内に向かうのは、なんだかサーカスやオペラの円形劇場のようで子ども心にもワクワクが止まらなかっ

**ドムドムハンバーガーとは**

１９７０年創業の日本最初のハンバーガーチェーン。最盛期はダイエーグループを経営母体として３００店舗近くを展開したが、その後は急激に店舗を縮小し、店舗数は最盛期の10分の1となる。一時は「もはや忘れ去られた消えゆくハンバーガーショップ」とみなされることもあったが、２０１７年にダイエー傘下から「ドムドムフードサービス」として独立して以来、あまりに独特すぎるその商品がネットを中心に話題になりつづけたこともあり、近年カルト的とも言える注目を集めている。

現社長の藤﨑忍氏は、専業主婦から渋谷１０９のギャルショップ店長、そしてサラリーマンの街、新橋で居酒屋の経営者、という異色の経歴を経て２０１９年に社長就任。その破天荒かつ実直な経営手腕で、ドムドム復活の狼煙を上げている。

た。そのど真ん中にあったのが、アイスクリームのディップパーダンとドムドムハンバーガー（以下、ドムドム）。そのどっちに連れていってもらえるかが毎回贅沢な悩みだった。

そんな思い出を作ってくれていたのに、いつしか私はドムドムの存在なんてすっかり忘れていた。しかしこの数年ドムドムとその奇抜な新商品がネットを中心に話題になるのを目にするようになったのがきっかけで、久しぶりにその存在を思い出した。興味本位で30年以上ぶりに訪れたドムドムは、まさかの活気に溢れ、そして一見奇抜な商品はどれも意外なほどおいしかった。

この「一風変わった」どころでは済まされない、あまりに個性的すぎる商品開発がどのようにして行われているのか。興味津々の私は、その仕掛け人に一目会うべくドムドムハンバーガー浅草花やしき店に向かった。

## 日本最初のハンバーガーチェーン

――ドムドムって、実は日本で最初のハンバーガーチェーンなんですよね。

昔のドムドムバーガーの写真。ダイエー内を中心に店舗を拡大していった

**浅田裕介さん（以下、浅田）** はい、最初は米国マクドナルドと提携する話が進んでいたそうですが、契約がうまく進まず、じゃあ自分たちで純国産チェーンを展開しようということになったようです。

**――当時の経営母体はダイエーグループで。**

**浅田** 自社内に惣菜の開発やテナント運営のノウハウがあったので、ドムドムの業態開発もスムーズに進んだと聞いています。

**――子どもの頃、ダイエーの大きなショッピングセンターが近所にあって、そこのドムドムに連れてってもらうことがすごく楽しみ**

でした。

**浅田**　ダイエーが飛ぶ鳥を落とす勢いのあった頃ですから、そこに次々と出店していって、最盛期は300店舗にまで拡大しました。

――ドムドムを追うようにマクドナルドが開店して、あと当時でいえばロッテリアですかね？　もちろんモスバーガーもありましたし、言うなればハンバーガー戦国時代ですよね。

**浅田**　森永さんの「ラブ」もありましたし、明治さんの「サンテオレ」も。ある種のブームだったんでしょうね。1990年から1995年にかけては、ドムドムはマクドナルド、ロッテリアに続く売り上げ第3位のチェーンでした。

**浅田裕介さん（写真左）**
株式会社ドムドムフードサービス取締役部長。ネットでもたびたび話題になる個性的な商品を仕掛けてきた。社長の藤﨑忍氏をして「浅田さんの発想はとにかくすごい」と言わしめる

——三強の一角! そんな状況でドムドムは強力なライバルたちとどう戦っていったんですか?

**浅田** 正直、価格戦略という面が強かったようです。1987年にマクドナルドが390円で「サンキューセット」を始めると、二番手のロッテリアは380円で「サンパチセット」で対抗し、とにかく各社1円でも安く、という時代に突入したわけですが、ドムドムでは350円のセットを打ち出しました。あくまで庶民派路線を貫こうと。

——消耗戦ですね……。

**浅田** はい、売り上げは上がるけどどちっとも利益が出なくて、それを続けていくことは不可能でした。

——そしてドムドムの衰退期が始まってしまうと……。

**浅田**　そこにはもう一つの話があるんですよ。当時、ダイエーグループは、アメリカの大手ハンバーガーチェーン「ウェンディーズ」のフランチャイズ権も獲得していました。そこでドムドム店舗の半分にあたる約100店舗をウェンディーズに転換することが契約に盛り込まれました。しかもドムドムでも比較的売り上げのいい都市型店舗を中心に。一方で、ドムドムは地方の中小規模ショッピングセンターなどに残り、ますます地域密着型の安売りチェーン的な方針を余儀なくされるわけです。利益も上がらず、結局最盛期の10分の1まで店舗数も縮小することになりました。ダイエーグループが一時の勢いを失ってしまったこともあり、挽回は極めて難しい状況でしたね。

## 商品開発への遠い道のり、そして決断

――そんな冬の時代を乗り越えてきた浅田さんご自身の経歴をお聞かせ願えますか？

**浅田**　私は調理師専門学校を経て1996年、イタリア料理店に就職しました。

――なるほど、そこで料理人としての修業がスタートしたと。

**浅田**　いや、実はそういうのとも少し違うんです。実はそのイタリア料理店が宅配ピザの全国チェーンを展開するという話がありまして、その仕事をしたくてそこに入りました。そもそも調理師専門学校に進学したのは、チェーン店などで商品開発の仕事がしたかったからなんですよ。自分が作ったものを全国で多くの人に届けたい、そんな思いがありました。

――それは珍しいパターン。生粋の開発マンですね！　でも調理師学校でそんな人はほかにいなかったでしょう？

**浅田**　ですね。みんなホテルに就職したり、個人の店舗に入って腕を磨いたり、職人的料理人を目指す人ばかりでしたから。私も先生から、企業で開発の仕事をするにしても一度はレストランの現場で腕を磨いたほうがいいと言われ、じゃあこれからチェーン企業になるであろうそこなら好都合、ということで就職を決めたんです。

　でも、結局そこは宅配ピザチェーンを始めることなく諦めてしまうことになり、私も2年で辞めました。

**――あくまでやりたいのは企業での開発だ、と。**

**浅田**　はい。そこで入ったのが当時ドムドムやディッパーダンなどを運営していたダイエーグループの「オレンジフードコート」でした。

**――いよいよ念願の商品開発ですね。**

**浅田**　ところがそうはいかなくて。まずは現場の店長、それからエリアマネージャーといった仕事に15年携わり、それからようやく商品開発部門に配属されました。もともとが大手企業だったからとにかく上がつかえていたんですね。私が配属になったときは既に40代でしたが、それでもそこでいちばんの「若手」扱いでした。そこではディッパーダンを担当して、クレープやタピオカなどの商品開発を手がけました。

――その後、ディッパーダンからドムドムへ？

**浅田**　1997年、ドムドムはレンブラントホールディングスのグループ会社、ドムドムフードサービスとして独立することになりました。社内でそちらに移籍する社員が自薦他薦で選ばれたのですが、私は真っ先に手を挙げたんです。もちろんドムドムの経営状況の厳しさがリアルな数字としてよくわかっていたのですが、正直、こっちなら新体制のもとでのびのびと自分のやりたいことをやれそうだと思いました。

――人生の決断ですね。そこで当時商品開発アドバイザーとしてドムドムに関わり始めたばかりの現在の社長、藤崎忍氏と出会ったということになりますね。

**浅田**　はい、そうです。彼女はとにかく意志の強い人でした。それまでのドムドムの商品開発というのは、とにかく場当たり的だったんですね。世間で高価格のプレミアムバーガーが流行るとすぐそれに追随し、やってみて売れないとわかると今度は低価格路線に舵を切る、みたいな。

そこを藤崎は、まず「ドムドムはこうあるべきだ」という信念ありきで、それに沿って商品を作り上げていく。具体的にいえば、地域密着型の庶民派チェーンであるドムドムは、他社にはない「和の要素」を打ち出していかねばならない、と。

## 和風路線は他社にはない強み

――なるほど、そこで生まれた商品が当時大ヒットし、今も定番商品として続いている「手づくり厚焼きたまごバーガー」ってことですね。

**浅田**　そうです。藤崎は和風路線として「たまご焼きバーガー」は絶対にやりたいと主張しました。「たまご焼きが嫌いな日本人はいない！」と断言して（笑）。

手作り厚焼きたまごバーガー。具は厚焼きたまごだけとなんともシンプル！

――ああ、それであれは決して「オムレツバーガー」ではなくて、ダシが効いてほんのり甘い「たまご焼き」なんですね。それにしてもあれ、注文ごとに店舗で焼いていると聞きました。普通、チェーン店ではそこまでやりませんよね。

**浅田**　最初は（業務用の）既製品を使うことも検討したんですけど、あれ、意外と高いんですよね。

――その割にそんなにおいしくない……。

**浅田**　なので藤崎が味を決めて、私がそれを店舗オペレーションに落とし込みました。加熱はほぼ電子レンジで行って、なおかつ変色しないように調味料などを選定して。

――電子レンジだったんですか！　確かに配合次第で電子レンジでも卵はふわっとなりますしね。調味料の配合でpH（酸度）を調整して、仕上げは鉄板で両面を焼く？

**浅田**　そういうことです。おかげさまで当時爆発的に売れ、今でも安定した人気です。

――最近、世間では「だし巻きサンドウィッチ」がちょっとしたブームですけど、完全に先駆けてますよね。先見の明！

**浅田**　いや、そんな意識はなかったと思いますよ（笑）。ただただ卵焼きバーガーを世に出したかっただけ。

――お好み焼きバーガーも同一路線の印象的な商品ですね。

**浅田**　あれは1990年の登場以来、売ってはやめ、売ってはやめ、の繰り返しでして。大して売れないんですけど、やめちゃうと「復活してほしい」という要望が寄せられて、それで再開するとやっぱりあんまり売れなくて、みたいな。

――サイゼリヤの「イカ墨スパゲッティ」もそんな感じだそうです。根強いコアなファンがいて、あまり売れないんだけどやめるにやめられないっていう。レシピはずっと変わってないんですか？

**浅田**　かなり変えてます。最初はお好み焼きとソースと鰹節だけのシンプルなものでしたが、今はもっと複雑な組み立てになっています。実は一時期、お好み焼きも店舗でいちいち焼いてたんですよ。

――いやいやいや、こだわりすぎでしょう（笑）

**浅田**　こだわりっていうより仕方がなかったんですよ。お好み焼きの製造ロットがかなり多かったのにたいして売れない。店舗数自体、そもそも少ない。大量の不良在庫になっちゃって、だから店で焼くしかなかったっていう。今は給食用のお好み焼きでちょうどいいのがあってそれで救われてるんですが。

――私、実は今のお好み焼きバーガーすごく好きなんですよ。バーガーの熱で半ば蒸されたキャベツに半熟卵、そして甘めのソースが、いうなれば広島風お好み焼きの焼きそばがバンズに置き換わった感じで立体的なおいしさがあります。ハンバーガーチェーンの目玉焼きって普通ガチガチに焼かれてますよね。そこをあくまで半熟に仕上げてくれてるのがうれしくて。

**浅田**　おかげさまで、バカ売れはしませんが今は安定した人気ですね。

## ネットでバズる、独特すぎる新商品

――和風路線といえば、数年前に「鯖タツタバーガー」「アジフライバーガー」を続けざまにリリースしましたよね。私あれで「ドムドムってもしかして最近なんか妙に面白いことやってる？」と気づいたんです。

**浅田**　四角い白身魚フライをはさんだ、いわゆるフィッシュバーガー的なものってハンバーガー屋さんの定番ですけど、実は当時ドムドムにはなかったんですよね。ないのは変だよねってことにはなったんですが、どこにでもあるものをやるのもまたつまらないな、と。だから、白身フライにこだわらず、季節ごとに違う魚でバーガーを出そうと。そのほうが楽しいじゃないですか。

——その発想が独特ですよね。でもちょっと独特すぎるような……売れましたか？

**浅田**　思ったほどじゃなかったですね。もっと売れると思ったんですけど普通でした。でも、鯖タツタはともかくアジフライはずいぶんいろんなところで取り上げてもらいました。あれで「ドムドムってまだあったんだ」と気づいてくれた人も多かったんじゃないですかね。

実はほかにもいろんな魚で試したんですけどね。マグロだと食べるとなんだかチキンバーガーとそう変わらないし、鯛だと高くつく割には普通のフィッシュバーガーで。

——和風以外だと個人的に「ビッグドム」が印象的でした。牛肉の味そのものが濃密で、あれビーフ100％ですか？　とにかくド直球の高品質プレミアムバーガーで、ドムドムの「庶民派」的なイメージをあっさりと覆してくれました。価格は相変わらず妙に安かったですけど。

**浅田**　実はビッグドムシリーズは売り上げトップのメニューなんですよ。しかもシリーズ

売れ筋「ビックドム」。チーズとチーズ&トマトも含め、3種類が販売中

はみでる！アジフライバーガーは、そのビジュアルが物議を醸しだした伝説の品

中でいちばん高額な「ビッグドム　トマト&チーズ」がいちばん人気。これはこちらもまったく予想していませんでした。

パティは正確にいうとビーフ100%ではなくて、玉ねぎなどの副材料が10%だけ入ってます。ウチはテイクアウトが多いから、冷めてもおいしくなきゃいけないってことも大事で。

――そのあたりがハンバーガー最古参の老舗らしいすごみですね！　ネットではある種「色モノ」的に話題を呼びつつ、その根幹は正統派。しかも実店舗のお客さんはその正統派としての実力を支持しているという構図。実にかっこいいです。

ネットの話題としてはなんと言っても殻ごと食べられるソフトシェルクラブを使った「丸ごと!!カニバーガー」で

すね。なんであんな突拍子もないもの思いついたんですか？

**浅田**　よくそう言われるのですが、自分としては特に奇抜な商品というふうには思ってなかったんですよね。普通の食材。アメリカとかではソフトシェルクラブのサンドなんてわりと当たり前ですし。

――そうかもしれませんけど、日本ではあんまりなじみがないじゃないですか。しかも結構な高額食材だし。バーガーで９８０円は決して安くはない、っていうか明らかに高いですけど、それでも原価率で50％超えますよね。

SNSを中心に一気に話題となった「丸ごと!!カニバーガー」。味も抜群で大人気商品に

丸ごと‼シリーズ最新作「丸ごと‼カレイバーガー」。身はフワフワで美味

バーガーなのにバンズは存在しない衝撃の一品「丸ごと‼カマンベールバーガー」

**浅田**　前年に「丸ごと‼カマンベールバーガー」が、同じような価格と原価率でかなりヒットしましてね。だったらカニもイケるだろう、と考えました。そしてカマンベールだとどこでも売ってるから原価が透けて見えちゃうけど、ソフトシェルクラブならあまり普通には売ってないからそこもぼかせるな、と。

おかげさまで予想の倍どころではない大ヒット商品となりました。

――そしてそこからの「丸ごと‼カレイバーガー」ですね。鯖タツタ以来の「四角い白身フライ以外のフィッシュバーガー」という謎のこだわりと、カニバーガーの成功を踏まえたインパクトありすぎのビジュアル……。

正直、「丸ごと‼カニバーガー」以上のインパクトある商品は出ないだろうと思っていた矢先の衝撃でした。

**浅田**　最初はネタのつもりだったのですけどね。商品企画会議の直前に業者さんから「こんなのもあるよ」って見せられたのが、カレイの形はそのままで骨だけを抜いた商品。和食屋さんなんかで煮付けや唐揚げに使われるやつです。会議でこれを出したら笑いが取れるなと思って、とりあえず衣をつけて揚げてバンズにはさんで出してみたんです。私はその時点では味見すらしてませんでした。

**——案外テキトーですね（笑）。**

**浅田**　そうしたらそれがバカ受けだったんですよ。「よし、これでいこう！」って。まさかこんなことになるとは……。

**——浅田さんも浅田さんですけどほかの経営陣も大概ですね（笑）。実に素敵な会社だなぁ……。**

**浅田**　それでもカニバーガーが2年続けて大ヒットした後でしょう？　だから正直かなり

のプレッシャーがありましてね。２年前のカニバーガーと同じ日付の９月５日に満を持してリリースしました。

ところが気づいたらその時期って、競合各社いっせいに「月見バーガー」をリリースするシーズンなんですよね。各社が「月見バーガー」でしのぎを削るそのときにウチだけ「カレイバーガー」。

――テレビ東京みたいだ（笑）。

**浅田**　もうほんとウチだけマイペース（笑）。でもおかげさまでかなりヒットしました。さすがにカニバーガーは超えられませんでしたけど、ずいぶん話題にもなって。

## 奇抜すぎてボツになった商品の数々

――もうほんと経営戦略なんだか単なる勢いなのかよくわかりませんが、まさに独自路線ですね。そんななかでボツになって世に出なかった商品なんかもありますか？

**浅田**　もちろんです。むしろボツの連続です。

――例えば？

**浅田**　いっぱいありすぎてとっさに出てきませんが、とりあえず納豆バーガーですかね。いや、冗談抜きでおいしいんですよ。会議でもおいしいと、評価はすごかったです。納豆をオムレツにしたりソースにしたりいろいろやりましたが、結局いちばんおいしかったのは、納豆そのままをテリヤキバーガーに一緒にはさんだやつでしたね。社内でもバカ受けでした。みんなおいしいおいしいって。

――でも商品化には至らなかった？

**浅田**　はい。「おいしいけどあまりにも臭い。臭すぎる」と。ウチのお客さんはテイクアウトが多いんですけど、これ一個入ってるだけで袋の中が大惨事になる、と。

――確かに……。ほかにも何かありますか？

**浅田**　チーズバーガーにパン粉のコロモつけて丸ごと揚げてやろうかと。

――いかにもジャンクですが、確実においしそうです！

**浅田**　調理があまりに面倒くさすぎるから勘弁してくれ、という現場の声を真摯に受け止めて諦めました。

――いつかオペレーションをなんとかして実現してほしいです。ほかには？

**浅田**　イカゲソバーガーは「おいしいけど噛みきれない」「ゲソだけズルッと出てくる」……と。

――（笑）。まだあります？

**浅田**　チャーハンバーガーとか、あとはお好み焼きバーガーの上位互換的なものとか。

――それは？

**浅田**　お好み焼き2枚で焼きそばをはさんでみました。ですが会議で「もうこれは既にバーガーではない。もはやお好み焼きだろう」と。

――そりゃそうだ（笑）。

**浅田**　あとは「丼シリーズ」として、カツ丼・牛丼・天丼を次々にバンズにはさんでみました。

――ライスバーガーとかじゃなくてパンで米をはさんだってことですか!?

**浅田**　はい。「何がしたいのかわからない」って言われました。

――僕でもそう言うと思います……。

**浅田**　でもめげずに今度は「弁当シリーズ」として、海苔弁や幕の内をはさんでみました。

――……（笑）。

**浅田**　今度は「意味がわからないんだが」って言われました。

## 自慢したくなる商品を

――このままだと笑い死にするのでそろそろ勘弁してください。

ちょっと真面目な話に戻って、サイドディッシュに唐突に現れる「揚げまんじゅう」、あれは何なんですか？　いや、僕はめちゃくちゃ大好物で必ず買ってしまうんですけど。

**浅田**　あ、あれも藤崎が始めた「和風路線」の一環なんですよ。

――なるほど、そういうことか！　つながりました。

**浅田**　知り合いの和菓子屋さんで売ってた揚げまんじゅうが、あまりにもおいしすぎて「これウチでも売らせてよ！」と強引にウチ用に作ってもらったんです。

――フットワークが軽い！　いやもうそんなアクロバティックな商品を次々と繰り出す浅田さんですが、特に印象に残っている商品って何ですか？

**浅田**　それはなんといっても「まるごと!!カニバーガー」ですね。最初、会議に出したときは「確かにおいしいけど、これ本気でやるつもり？」と相手にもされませんでした。そこを何度も粘って……。

――味には自信があったというわけですね。

**浅田**　いや、私自身はあんまりカニが好きじゃなくって。

――ちょっと待って！　どういうことですか。

**浅田**　旗を立てたくてですね、とにかくバーガーのてっぺんに旗を立てたカニのビジュアルがかわいすぎて、これを何がなんでも世に出したいと。だから粘って粘って粘り続けたら最終的に経営陣も根負けして。

――まさかのビジュアル系！　それはつまりインスタ映えとかそういう？

**浅田**　少なくとも私はそういうことは考えてませんでした。とにかく自分が「かわいい」と思ったので、ただそれだけです。旗は仕事を終えて帰宅してから自宅で一本一本手作りしてました。

――家内制手工業……。全国チェーンがマニュファクチャー……。

**浅田**　さすがにバカ売れし始めてからはとても追いつかなくて外注を許してもらいました

けどね。

——（笑）。さすがに最後くらいは企業系のインタビューらしく終わりたいと思うのですが、ドムドムやその商品を今後はどういうふうに展開していきたいとお考えですか？

**浅田**　人に教えたくなる商品を作っていきたいですね。友達に「ドムドムにこんなのあるよ！」って紹介したくなる商品。自分の子どもに「これにしてみなよ！」って食べさせてみたくなる商品。とにかく誰かに自慢したくなる商品ってことです。今の外食産業、おいしいのは当たり前です。発見があって、新しくて、楽しくなる商品を出していきたいですね。

　ドムドムの店舗数は底を打ったまま、まだ27店舗ですが、近いうちに50店舗まではもっていってみせます。最終的にはやっぱり地域密着を目指しますが、当分の間はここ（浅草花やしき店）みたいに、とりあえず常に人通りのある場所に出店してブランド認知度を半ば強引にでも高めていく計画です。でも、その後は、あくまで地域で長く愛される店を全国に展開していきたいと思っています。

# とにかくドムドムハンバーガーは楽しい

かつて閉店間際のドムドムを訪れたとき、印象的な光景を目にしたことがある。私のすぐあとに、一人の女性が小走りで息を切らせながら来店するや、「カニバーガー、まだありますか？」と、前のめりに注文したのだ。観光客とかネットで知って興味本位でという感じではなく、明らかに近所で働いている女性がその日の仕事を終えてやって来た雰囲気だった。ネタでも物珍しさでもなく、980円もするバーガーが地域の人に「日常のご褒美」として愛されているのを目の当たりにしたというわけだ。浅田さんとドムドムの想いは確実に伝わっている。

私の（わりと理解されづらい）信念として、「飲食店は中の人たちが楽しんでナンボ」というのがある。お客様を楽しませることはもちろん大事なのだが、中の人たちが楽しむことも同じくらいに大事、という考え方。それが客商売として正しいかどうかはともかく、中の人たちが楽しんで従事していれば、その楽しさはきっとお客様にも伝わると信じている。

現在のドムドムはまさにそれだと思う。私は力強い味方を得た思いだ。浅田さんをはじめ経営陣はどうもかなり楽しんでいるようだし、活気のある店舗スタッフもまた楽しそうだ。

そんな浅田さんの軽妙なトークには後半笑わされっぱなしだった。だから前半は一応企業インタビューらしく始めた私の一人称は「私」から後になると「僕」に変わってしまった。完全にツレとばか話で盛り上がる感覚。インタビューが行われたのは、実は本社でも店内でもなく、浅草の路上のベンチ。そこで爆笑する「僕たち」は、まるで地元のコンビニ前でたむろする中学生みたいだった。

しかし、と私は思う。軽妙洒脱にテキトー感すら演出しつつ語る浅田さんのそれは、多分だが彼なりの都会的ダンディズムなんだろうな、と。苦労を苦労としては語らない、ある種の「見え」なのかもしれない。どん底を経験したドムドムと、人生の転機でドムドムにかけた浅田さん自身の決断、そこに責任を負い続けている重圧。それを笑いのベールにくるむ話術が実に粋だった。

インタビューを終えておいとましようとしたら、「揚げまんじゅう」6個入りのお土産が用意されていた。同行していた編集者Y氏は、帰り道の浅草寺の境内をそぞろ歩きつつ、たまらなくなったのか揚げたてのそれにかぶりつき、「お～、うまいっすね、これ！」と至福の雄叫びをあげていた。私は「でしょ？」と、まさに我が意を得たように「自慢」していた。

ＳＮＳでたびたび話題になるドムドムだが、浅田さんは「決してそれを狙っているわけではない」と強調していた。でも「誰かに自慢したくなる商品」をって……、結局それが「バズる」ということなのだと思う。憎悪や憂さ晴らしを掻き立てる「炎上」ではなく、すべての人を楽しい気持ちにさせる幸福なバズり。

ドムドムはきっとこのまま勢いを取り戻すと私は確信している。最盛期と同規模までいくかどうかは神のみぞ知るだが、どうかそうなってもこのままの楽しいドムドムであってほしい、と切に願う一ファンとしての私である。

第四章

# 新型コロナと飲食店

## コロナで何が起きたのか

2020年1月に始まるコロナ禍は、飲食店に大きな打撃を与えました。特に同年4月以降、何度か発令された緊急事態宣言下で、時短営業やアルコール提供の自粛を余儀なくされ、居酒屋をはじめとする多くの業態において営業そのものが成り立たなくなってしまいました。

幸い(と言うべきかどうかは微妙なところですが)休業補償は小規模店にとって恩恵が大きかったようです。それでなんとか乗り切った店もあるようですが、これを書いている2022年初頭の街の様子を眺めると、休業した後そのまま廃業してしまう店舗も少なくないことに気づかされます。一時収束したかにも思えた状況は、その後のオミクロン株などもありまだまだ予断は許せません。

そんななかで飲食店は、ただ手をこまねいていただけではありません。最初の緊急事態宣言が発令された頃、多くの飲食店が店頭で弁当を売り始めました。しかしその様子はむしろ私に暗澹《あんたん》たる思いを抱かせました。それは結局「コンビニ弁当と同じ土俵で戦う」かのような価格と内容だったからです。コンビニやスーパーの弁当は、安くても大量生産で収益を確保しています。その内容も、作ってから時間を経たり、それを電子レンジで温め直したりしてもおいしく食べられるよう綿密に計算されています。もちろん食品衛生的にも万全です。

そこと戦うのはある意味で無謀。少なくとも夜の営業をカバーするほどには絶対になりません。世の中では、「飲食店は店内飲食がダメでもテイクアウトなどに切り替えればいいではないか」という意見も当時よく聞かれましたが、それははっきり言って暴論というものです。

もちろん飲食店側もそれはわかってやっていた部分もありました。失った本来の売り上げを〝少しでもいいから〟取り戻すための苦渋の決断です。しかしそれは、個人店にとってはほぼ消耗戦でした。

それでいうと、チェーン店はまだそこをうまくやっていたような印象があります。もともとテイクアウトにも力を入れていたスカイラークグループ、急遽それを打ち出したサイゼリヤ、冷凍通販を打ち出したロイヤルホストなど。マクドナルドに至ってはむしろ業績を伸ばす結果になりました。
テイクアウトや通販戦略だけでなく、例えば全店一斉休業しての客席の配置換えや、パーテーションの設置、アルコール噴霧器や検温器の設置など、今となっては当たり前の対策にしても、チェーン店は対応がとにかく迅速でした。単純に考えると小規模な個人店のほうが変化に対して迅速に対応できそうな印象もありますが、実際のところは逆でした。それらの施策がその後、具体的に個人店にとっての「お手本」となった面も評価されるべきだと思います。

資本力をバックに迅速かつ的確に対応した全国チェーン、そして助成金でなんとかしのぐ小規模個人店、もちろんどちらもダメージは大きかったとはいえ、最も苦しかったのは中規模のローカルチェーンだったかもしれません。時短営業とアルコール類の自粛が呼びかけられた期間、それを無視して営業を続けたのは、そういう店に多かったはずです。良くも悪くもそこには一定数のお客さんが詰めかけました。もちろんそれは世間から大きな非難を浴びました。社会が一丸となって収束を目指すなかでのそうした行為は、極端な言い方をすれば反社会的行為であったのかもしれません。私とてそれを擁護するつもりは一切ありませんが、純粋に経営的な面から見て、そうせざるを得ない状況だったのは事実だったと思います。政府の対応がもっと現実に即した細やかなものだったら回避できたかもしれません。

飲食店の最大の使命とは何か。それは「とにかく店をつぶさないこと」だと私は考えています。これは経営者だけの問題ではありません。それは被雇用者の生活、いや人生の問題でもありますし、また、その店に関わる多くの納入業者や生産者たちの問題でもあります。実際、自粛期間中も生産者を守るために店頭で日本酒や野菜などの小売りを行った店も少なくありませんでした。

これはコロナに関係なく構造的な問題でもありますが、飲食店というのは極めて利幅の薄い不安定なビジネスです。一見ずいぶんはやって行列もできているような店でも、実際の数字上はカツカツ、という例すら枚挙にいとまがないのです。逆に言えば、何かがあれば簡単につぶれてしまうのが飲食店という業態なのです。参入障壁が比較的低いということもありますが、3年以内に半数以上がつぶれるというデータもあります。コロナ禍はその未曾有の「何か」が起きてしまった大事件なのです。

つぶれてしまった店も多いけど、それなりには残っているではないか、という印象も現時点ではあるかもしれませんが、実際そのほとんどは、助成金や無理な借り入れでなんとかなっているように見えるだけです。仮にコロナが収束に向かっていったとしても、本当の正念場はこの後に確実にやってきます。

ある識者がこんなことを言っていました。

「日本の飲食業は過当競争ゆえの生産性の低さが問題だった。コロナ禍によってそれが淘汰されるのはむしろ健全なのではないか」

マクロ的に見ればもしかしたらこれは「正論」なのかもしれません。しかしそれによって失われるものの大きさにも思いを馳せてほしいと私は思います。淘汰されて残るのは資本力のある大規模チェーンが中心になるでしょう。もしくは時代の機微を捉えて最大多数の層にアピールしうる新興店。もちろんそれらにはそれらの素晴らしさも価値もある。しかしそこで失われるのは、古くからの個人店を主な舞台としてこれまで連綿と紡がれてきた「文化」です。それはもはや古くさいものであったり、一部の好事家にしか支持されないひっそりとした文化かもしれませんが、同時にそれは間違いなくかけがえのないものです。

この苦渋の2年間で、その文化を守るために、そしてお店に関わるすべての人々を守るために、飲食店があがいてきた軌跡はすべての人々に記憶されるべきです。そして消費者側は、これからいかなる状況になろうと飲食店をとことん楽しむという幸福を諦めないこと。それがこの文化を守り、後世に伝えていくことになるのではないでしょうか。

## アフターコロナの飲食店

飲食店には大きく分けて二つの機能があります。まず一つ目、本来のそれは「おいしい食事を楽しむ場所」という機能ですが、同時にそこから派生した「集いの場」という二つ目の機能も同じかそれ以上に重要です。会社帰りの飲み会、得意先の接待や打ち合わせ、デート、合コン、法事や家族の行事などなど、飲食店が「集いの場」として活用される例は枚挙にいとまがありません。

コロナ禍においてこの集いの場としての機能は、壊滅的なまでに機能不全に陥りました。もちろんこういった会食の自粛は、蔓延を少しでも食い止めるために必要なものだったことはいうまでもありません。

「集いの場」の筆頭は居酒屋業態です。もちろん居酒屋も飲食店の一形態としておいしい料理を提供することにしのぎを削っているわけですが、特に大規模な会合になるほど、そこでのお客さんは料理そのものより「集い」を重視します。そして多くの居酒屋にとって、そういう宴会こそが収益を支えています。個人客だけではあまり儲からないが宴会で利益を出す構造だったり、忘年会シーズンの売り上げでほかの月の赤字を取り戻す構造だったりは、多くの居酒屋に共通するものです。前項で述べた小規模チェーンには居酒屋業態が特に多く、自粛無視はこうした構造も背景にあるのでしょう。

では、もともと料理の高品質さこそが最大の売りである高級レストランは安泰だったかといえば、そんなことはありません。実際は居酒屋と同様、大打撃を受けていました。高級レストランでは、居酒屋のように大人数でワイワイ騒ぐような大宴会こそありませんが、やっぱりそこも「集いの場」として使われてきた部分が大きかったのです。接待やデート、また昨今では「女子会」と言われるような集いですね。

とある会社で、若手の男性社員たちがこんなことを語り合っていたそうです。

「コロナのおかげで彼女のためにわざわざレストランを予約したりする必要がなくなったことだけはうれしい。最近デートはもっぱら自宅近くの定食屋やラーメン屋なので安心だし、自分にとってはそっちのほうがおいしい」
笑えない笑い話です。人気のレストランにつめかけていた人々のうち、かなりの人が自ら望んで積極的にその料理を楽しみたかったわけではない。それが皮肉な現実だったというわけです。

このように、飲食店はこれまであまりに「集いの場」としての機能に頼りすぎていたのではないか、というのが私の印象です。そして、実はコロナ前からそのビジネスモデルは徐々に崩壊しつつあったのです。

忘年会に代表される「会社の飲み会」に若い世代は参加したがらず、また参加したくないという意思も尊重されるようになりつつありました。若年層を中心にアルコール離れが進み、浴びるほど痛飲するのは一部の年配層ばかり。若者はお金をかけないデートが当たり前になり、バブル期に確立した「高級レストランとブランド品がなければ恋愛が成立しない風潮」は完全に過去のものに。その恋愛のスタートも、合コンや紹介の食事会からマッチングアプリへ。

コロナはそうした流れを一気に加速させただけともいえます。面倒で気苦労の多い接待などせずとも、商談ならリモートで効率的に進められる。業務でもない会社の飲み会で拘束されることもなくなった。内心ホッとした人も少なくなかったはずです。

もし今後コロナが完全に終息したとしても、少なくとも飲食店を取り巻く環境は完全に元には戻らないと言われています。会社の飲み会にしろ接待にしろ、これまで慣習として行われてきたそれは、「実は必要のないことだったんだ」と、多くの人が気づいてしまったということです。深夜までハシゴして痛飲するような文化はますます過去のものとなるでしょう。多くの人がいろんな「おうち時間の楽しみ方」をマスターしたこと自体は文化的に豊かなことですが、飲食店にとってはこれも打撃です。

「集いの場」としての機能が失われたなら、「純粋に食事を楽しむ場」としての機能に傾注するしかない。これが現時点での僕の考えです。そこで重要なのは、お店ごとの個性、なかんずくそこで提供する料理そのものの個性です。

集いの場としての機能が重視される場合の料理は、とにかく最大多数から嫌われない、無難なものであることが強く求められます。実際、普段は気の利いた個性ある料理を出している店が、宴会コースになると途端に凡庸でありふれた内容の料理になる、という現象は個人的に何度も経験してきました。

しかし、その店ならではの料理そのものを純粋に楽しみたい個人客に対して、無難かつ凡庸ではまったく武器になりません。もちろん誰からも嫌われない無難なコンテンツは、安心感を与えるために一定は必要です。しかしそれだけでは戦っていけない時代がくるということです。

誰からも好かれるわけではないけれど、一定の層に強く支持される料理。よそでは絶対に食べられない料理。インフルエンサーとなりうる「食べることが極端に好きでなおかつ詳しい」人々に一目置かれる料理。

少し乱暴に言うならば、すべての飲食店はもっとマニアックになったほうがいい、ということです。それはマーケティングだけでは生み出せません。食べることも料理も好きで、またそれに詳しく、それでお客さんに驚きと感動を与えてもてなしたい、真剣にそう考える人たちにしかできないことです。逆に言えばそういう人たちにとってこそ飲食業界がやりがいに溢れた場になるということでもあります。

多かれ少なかれ、パイが縮小することは残念ながら避けようがないのかもしれません。しかしそこに残るのは真剣に料理を、食文化を愛する人たちであってほしい。そしてそういう人たちが、より多くの食を心から愛するお客さんを増やしていってほしい。それが今の僕の願いです。

# おわりに

本書における一連の取材を行う際、それがチェーン店であっても個人店であっても、私は冒頭にこんなお願いをしました。

「私はあくまで、このお店の料理そのもののスゴさや、レストランとしての魅力を純粋に紹介したいと考えています。ですので実際に出されている料理の具体的な素材やレシピについても踏み込んでお尋ねすることもあるかと思います。もちろん伏せておきたい部分も企業秘密もおありでしょうから、『それは言えない』ということであれば、気兼ねなしにすぐそうおっしゃってください。そのほうが私も遠慮なく質問できますので！」

こう言うと、驚いたことにほぼすべての方たちが、「何でもお教えしますよ。隠すことなんて別にないです」と笑っておっしゃいました。そして実際にインタビューが始まっても、この言葉に偽りはありませんでした。百歩譲って個人店ならまだわかりますが、企業系の方々も概ね同じでした。それは逆に言えば、彼らがいかに自分たちの作っているものに誇りを持ち、また、そうそう真似のできることではないという自信を持っているかを物語っていると思います。

一般的にチェーン店に関する記事は、企業としての経営戦略にその多くが割かれます。そして個人店、特に今回多く取り上げた「街の洋食店」なら、その料理はややもすると単にノスタルジーや親しみやすさだけで語られがちです。料理そのものの描写としては「おいしい」「安い」「人気がある」くらいしか書かれていないこともしばしばです。

私は今回、（ミシュラン誌にすら具体的には書かれないような！）そのおいしさの「正体」にまで詳細に踏み込みたいと考えました。そうでないとその「本当のスゴさ」は伝えきれないと考えたからです。どちらかというと、レストラン業界の専門誌に近いアプローチでしょうか。この本に「ビジネス書」あるいは逆に「下町の人情噺」みたいな内容を期待して読み始められる方にはちょっと申し訳なく思ってもいるのですが、そんな方たちにもここまで読み進めていただいたとしたなら、それは望外の喜びです。

これらの取材はほぼ、２０２０年に始まるコロナ禍の中で行われました。当然どの店も、苦しい状況に置かれて奮闘していたわけですが、私はあえてそこに踏み込みすぎないようにしました。お店がこれまで、紡いできた普遍的な物語、そして未来に向かって紡ごうとしている希望の物語こそを最重要視したかったからです。その代わりコロナに関しては、そこで見聞きしたさまざまな奮闘努力を通じて感じたことも含め、私なりの視座から俯瞰した私論を最終章でまとめました。

飲食店はその一つひとつがかけがえのない文化です。どんな状況下にあろうと、私たち消費者が飲食店とその料理を心の底から目いっぱい楽しむという喜びを諦めないことこそが、その文化を守り、後世に伝えていくことだと思います。

皆さん、とにかく一緒に楽しみましょう！

稲田俊輔（いなだ・しゅんすけ）
鹿児島県生まれ。関東・東海圏を中心に和食店、ビストロ、インド料理など幅広いジャンルの飲食店26店舗（海外はベトナムなどにも出店）を経営する円相フードサービス専務取締役。自身は全店のメニュー監修やレシピ開発を中心に業態や店舗プロデュースを手がける。一方、レシピ本やエッセイなどの執筆活動も積極的に行う。イナダシュンスケ名義で記事をグルメニュースに執筆することも。和・洋・エスニックなどジャンル問わずに食いつく変態料理人として、またナチュラルボーン食いしん坊として、ツイッター（@inadashunsuke）などで情報を発信。サイゼリヤに対する投稿などが話題になり、近年はメディアへの登場も増えている。著書に『人気飲食チェーンの本当のスゴさがわかる本』(小社)、『南インド料理店総料理長が教える だいたい15分! 本格インドカレー』、『だいたい1ステップか2ステップ! なのに本格インドカレー』（ともに柴田書店)、『おいしいもので できている』（リトルモア）がある

扶桑社新書 426

飲食店の本当にスゴい人々

---

発行日 2022年3月1日　初版第1刷発行

著　　者………稲田 俊輔
発 行 者………久保田 榮一
発 行 所………株式会社 扶桑社
〒105-8070
東京都港区芝浦1-1-1 浜松町ビルディング
電話 03-6368-8875（編集）
03-6368-8891（郵便室）
www.fusosha.co.jp

印刷・製本………株式会社広済堂ネクスト

---


Printed in Japan　ISBN 978-4-594-09027-2